MILAGROS
del CIELO

CHRISTY WILSON BEAM

MILAGROS
del CIELO

CASA
CREACIÓN

La mayoría de los productos de Casa Creación están disponibles a un precio con descuento en cantidades de mayoreo para promociones de ventas, ofertas especiales, levantar fondos y atender necesidades educativas. Para más información, escriba a Casa Creación, 600 Rinehart Road, Lake Mary, Florida, 32746; o llame al teléfono (407) 333-7117 en Estados Unidos.

Milagros del cielo por Christy Wilson Beam
Publicado por Casa Creación
600 Rinehart Road, Lake Mary, Florida 32746
www.casacreacion.com

A menos que se indique lo contrario el texto bíblico ha sido tomado de la *Santa Biblia*, Nueva Traducción Viviente, © Tyndale House Foundation, 2010. Usado con permiso de Tyndale House Publishers, Inc., 351 Executive Dr., Carol Stream, IL 60188, Estados Unidos de América. Todos los derechos reservados.

El texto bíblico marcado con (NVI) ha sido tomado de la Santa Biblia, Nueva Versión Internacional® NVI® Copyright © 1999 por Bíblica, Inc.®. Usado con permiso. Todos los derechos reservados mundialmente.

Traducción: Belmonte Traductores
Diseño de la portada: Vincent Pirozzi
Director de diseño: Justin Evans

Visite la página web de la autora: www.christybeam.com

Library of Congress Control Number: 2016934344
ISBN: 978-1-62998-983-9

Impreso en los Estados Unidos de América
16 17 18 19 20 * 6 5 4 3 2

Dedicado a

*Aquel que me permitió ser tantas personas y tantas
emociones durante este viaje con Annabel. Aquel que
fue paciente cuando yo estaba llena de enojo, tristeza,
desesperación, soledad y silencio. Aquel que pacientemente
esperó y me sostuvo continuamente cuando pensaba
que estaba sola. Aquel que dominó todo con mucha
delicadeza como una orquesta bien afinada. El Creador
de todo lo bueno. El Alfa y la Omega, el principio y el fin.
¡Aquel que reina por siempre, Yahvé, redentor, amigo!*

Contenido

Reconocimientos

De la cobardía que no se atreve a afrontar nueva verdad, de la pereza que se contenta con la media verdad, de la arrogancia que cree que conoce toda verdad, buen Señor, líbranos.

Oración keniata

ESTA HISTORIA ES MI verdad tal como la recuerdo. Algunos eventos y personas tuvieron que ser compuestos, y se reconstruyeron los diálogos para propósitos narrativos, pero he hecho todo lo posible por mantenerme fiel al contenido de esas conversaciones, los hechos de los eventos, y el espíritu de las relaciones representadas en este libro. Otras personas, desde luego, puede que tengan sus propios recuerdos o percepciones de los acontecimientos.

Aunque aprendí mucho sobre el trastorno de pseudoobstrucción de movilidad y el trastorno de hipomotilidad antral en nuestro viaje, no me considero a mí misma una experta médica, y ninguna parte de este manuscrito debería ser interpretada o malinterpretada como información o consejo médico. Mis opiniones no reflejan necesariamente las opiniones de la iglesia bautista Alsbury o de ningún otro distrito u organización que me haya invitado o me invitará en el futuro como oradora.

Kevin y yo estamos más agradecidos de lo que podemos expresar al Dr. Nurko, el Dr. Siddiqui, Dani Dillard, y todos los maravillosos cuidadores que se ocuparon de Anna en Cook Children's y el hospital Children's de Boston. Lo mismo para el increíble departamento de bomberos voluntarios de Briaroaks. También atesoramos y apreciamos a nuestra familia eclesial en Alsbury Baptist, mi maravillosa familia, la maravillosa familia de Kevin, Ángela Cimino, Nina y los Cash, y muchos otros amigos que estuvieron ahí para ayudarnos, alimentarnos y cuidar de nuestras hijas. Son demasiados para mencionarlos a todos, pero cada uno es especial en mi corazón, y estoy profundamente agradecida.

Gracias sinceras a mi agente, la fabulosa Nena Madonia de Dupree/Miller & Associates, que ha sido una incansable defensora de este libro durante algunos mares tormentosos. La fe de Mauro DiPreta en nuestra historia y en este proyecto ha sido transformadora para mí. Inmensas gracias para él y cada persona en Hachette.

Abigail, Annabel y Adelynn: escuchen, hermanas, ustedes saben que son mi corazón y mi alma. Cuando algún día lean este libro a sus hijos, espero que les digan: "Sí, mi mamá estaba un poco chiflada a veces, pero me quería. De eso no hay ninguna duda". Cuando alabo a Dios de quien fluye toda bendición, ustedes son las bendiciones mejores y más brillantes que una mamá podría imaginar nunca.

Y a mi esposo, el Dr. Kevin Beam...cariño, tú ya lo sabes. Pero mi plan es seguir diciéndotelo durante el resto de mi vida.

Christy Beam
Burleson, Texas
Primavera de 2015

Prólogo

Él hace grandezas, demasiado maravillosas para comprenderlas, y realiza milagros incontables.

Job 9:10

CUANDO MI ESPOSO Y yo nos establecimos para comenzar una familia, oramos por los milagros comunes: hijos sanos, un hogar en paz, un modelo reciente de camioneta *pickup* con un buen aire acondicionado, y lluvia oportuna que cayera abundantemente sobre los parterres de flores pero nunca las noches de viernes de fútbol. No esperábamos nada más impresionante que un atardecer en el norte de Texas, nada más celestial que envejecer juntos. Nuestra definición de paraíso era una parcela de terreno apartada fuera de Burleson, Texas, una pequeña ciudad al sur de la ocupada zona metropolitana de Dallas-Fort Worth.

Somos personas que asisten a la iglesia, Kevin y yo, personas de fe. Hemos experimentado "lluvias de bendiciones", como dice el viejo canto góspel, "gotas de misericordia que caen a nuestro alrededor", como cuando un bebé nace después de que una familia haya renunciado a la esperanza o cuando dos desconocidos cruzan sus caminos y un impulso en el corazón les dice que ya son amigos. Siempre hemos creído en los milagros, en teoría. *Todo es posible para Dios,* se nos dice, y muy, muy de vez en cuando, oía acerca de algo que desafía las probabilidades y aparta los temores.

Ahora sostengo un milagro en mis manos.

La enfermera me entrega unas hojas impresas en computadora, dos páginas que enumeran todos los medicamentos que mi hija tomaba la última vez que la llevé al hospital Children's en Boston, la vez que ella me dijo que quería morir y estar con Jesús en el cielo donde no hay dolor.

"¿Hace tres años?", dice la enfermera levantando una de sus cejas. "¿Puede ser eso correcto?".

Es correcto. El hecho de que sea imposible ya no importa.

"Entonces, Annabel", dice la enfermera, "parece que ya tienes doce años".

Anna asiente con entusiasmo, feliz por tener doce, feliz por estar en Boston, feliz por estar viva. La enfermera la dirige a subirse en la báscula.

"Mientras obtengo sus signos vitales, ¿podría por favor repasar esto?", me dice la enfermera indicando las páginas. "Necesito que lo repase para comprobar que es preciso y así poder actualizarlo en la computadora. Simplemente marque las que aún sigue tomando".

Mis ojos recorren la lista.

Prevacid (lansoprazol), un inhibidor de producción de ácidos gástricos; suplemento probiótico; polietinelglicol; Periactin (ciproheptadina), un antihistamínico con anticolinérgico adicional, antiserotonérgico, y agentes anestésicos locales...

Es como mirar la cicatriz quirúrgica en el abdomen de Anna, tan solo una pálida línea blanca ahora donde le cosieron, y volvieron a abrir, y volvieron a coser una vez más.

Neurontin (gabapentina), un anticonvulsiones y analgésico; rifaximina, un antibiótico semisintético derivado de la rifamicina; Augmentin (amoxicilina y ácido clavulánico); hidrocloruro de tramadol para el dolor moderado a severo…

Por un momento, la larga lista se nubla delante de mis ojos. Dios mío, lo que tuvo que pasar su cuerpecito.

Hiosciamina, un alcaloide tropánico y metabolítico secundario; Celexa (hidrobromuro de citalopram), un inhibidor de la recaptación de serotonina…

Sonrío a la enfermera. "Ya no toma ninguno de estos".

"¿Se refiere a ninguno de estos?", pregunta ella, indicando la primera columna con una pluma.

"No, me refiero a *estos*". Sostengo las dos páginas en mis manos. "No está tomando nada".

"Vaya. Muy bien". Ella estudia la lista. "Eso es realmente…vaya…eso es…".

Un milagro.

Ella no lo dice, pero está bien. La gente por lo general se siente más cómoda al llamar a las cosas pequeñas coincidencia, o casualidad, o pura suerte. Los médicos utilizan palabras como *remisión espontánea* para dar explicación a lo que es totalmente inexplicable. Hace algún tiempo tomé la decisión consciente de utilizar la palabra con M. No siempre vi la mano de Dios entre los enredados hilos de mi vida, pero ahora la veo. Él estuvo ahí en nuestro comienzo y cada vez que nuestro mundo se desmoronó. Él está con nosotros ahora y en el futuro no conocido.

De pie bajo la luz de todo lo que Él nos ha dado, bajo la luz de todo lo que ha sucedido, no puedo *no* contar nuestra historia.

Capítulo uno

Este gran árbol se elevaba muy por encima de los demás árboles que lo rodeaban. Creció y desarrolló ramas gruesas y largas por el agua abundante que recibían sus raíces.

Ezequiel 31:5

EL ENORME ÁLAMO QUE estaba en los vallados pastos de las vacas más allá de nuestro camino de gravilla era una maravilla de la naturaleza, uno de esos árboles inmensos y arrugados que "solamente Dios puede hacer". Tomemos un momento para considerar el gran calor y las machaconas abejas hambrientas, las fuertes heladas que suceden cada pocos años, y los tornados de verano que por rutina barren el centro de Texas, colas desiguales que salen rezagadas de los huracanes en la Costa del Golfo. Durante cien años o más, ese álamo proporcionó un hogar para aves, arañas y ardillas, y observó la siembra y la cosecha en los campos circundantes. Se elevaba como un centinela a medida que carreteras salían de entre los viejos robles y se construían casas en las onduladas tierras de labranza.

Un gigante con pocas hojas, separadas entre ellas y con forma de corazón, se levantaba como una cúpula de ramitas secas hasta noventa pies (27 metros) de altura. Rodeando la base del árbol, sobresalían entre la maleza raíces desnudas, y otras gruesas y fibrosas lo anclaban al suelo. La circunferencia del tronco era más grande de lo que una sola persona pudiera rodear, pero hace tres años Kevin y yo podíamos rodearlo si nos agarrábamos de las manos con nuestras hijas, Abigail de once años, Annabel de nueve años, y Adelynn de siete años; y así es básicamente como adoptábamos los aspectos desafiantes de nuestra vida familiar. Cuando llegaba algo que era demasiado grande para rodearlo con los brazos, Kevin, las niñas y yo solamente teníamos que extender nuestros brazos y alcanzarnos el uno al otro.

A unos treinta pies (9 metros) de altura del álamo, dos ramas inmensas se extendían como brazos abiertos. Una de las ramas formaba un ancho puente hasta los árboles más pequeños en la sombreada arboleda, pero la otra rama se había roto y estaba en el suelo. Alguna ráfaga de viento fuerte en alguna tormenta de hace mucho tiempo debió de haberla desgajado y lanzado a la tierra. Chocó contra las largas y finas ramas de debajo y aterrizó de golpe, zanjando la tierra. En lo alto del ancho torso del árbol quedaba expuesto un dentado portal: una abertura de unos cuatro pies (0,5 metros) de altura y tres pies (0,9 metros) de anchura. Desde el suelo abajo, parecía la palma ahuecada de una mano curtida.

La Biblia habla de que Dios preparó a un gran pez para que se tragara a Jonás y lo escupiera al otro lado de un mar enfurecido. Uno podría preguntarse si Él comenzó a preparar ese árbol mucho antes de que ninguno de nosotros hubiera nacido. Uno podría imaginar a Dios susurrando al corazón del álamo: *Abre camino*. Y lo hizo.

Décadas llegaron y pasaron, y el árbol guardó su secreto.

*   *   *

EN 2002, EL AÑO en que nació Annabel, Kevin y yo compramos los treinta acres (120 metros cuadrados) que rodeaban la arboleda del álamo y comenzamos a construir una casa. Abbie era una revoltosa bebé mayor; Adelynn era una oración en la que ni siquiera habíamos pensado aún. Yo estaba inmersa en el alegre acto de hacer malabares cuando "el bebé" se convierte en "los niños". Kevin acababa de incorporarse a un próspero equipo de médicos en la Clínica Veterinaria Alvarado, donde trataban animales grandes y pequeños; todo desde vacas hasta perros cockapoo, e incluso un canguro en una ocasión memorable. Él siente compasión por cada criatura que atraviesa la puerta, y por sus dueños, pero de vez en cuando, algún cachorro extraviado o maltratado tenía que llegar a casa con él: Trinity, Shadow, el lanoso y blanco Cypress, el astuto River, Arnold con su pelo rizado, y el querido Jack, en parte miniatura de pinscher y en parte gladiador, que adoptó la tarea de hacer guardia siempre que Annabel estaba enferma.

Cuando nos mudamos a nuestra casa nueva, Kevin pensaba en *ubicación, ubicación, ubicación.* Yo pensaba en *distrito escolar, niñeras, consulta del pediatra.* Él estaba pensando en un negocio familiar; yo estaba pensando en el negocio de la familia, razón por la cual formamos un buen equipo. Avancemos hasta 2011, y ninguno de nosotros imaginaba que nuestra vida giraría en torno a salas de urgencia del hospital y especialistas en enfermedades raras. Intubaciones, escáneres cerebrales, biopsias y análisis de sangre; esas son cosas que parecen inevitables para nuestros abuelos, pero ¿para un niño? ¡Impensable! Kevin y yo planeábamos una vida feliz en nuestro pintoresco hogar con nuestras perfectas hijas jugando a las escondidas entre los viejos robles, columpiándose en las robustas ramas del álamo, y estableciendo las labores domésticas en un fuerte en el árbol sólidamente construido.

Ese elevado álamo en particular era una aventura de una familia suiza de robinsones a la espera de suceder: tubos para juegos, castillo de hadas y safari de animales salvajes, todo a la misma vez. Abbie y una amiga se habían subido al estilo mono a uno de los árboles cercanos más pequeños hasta ese puente natural, donde se sentaban y examinaban el mundo, e imaginaban todo tipo de cosas, y regresaron con un hermoso nido de pajarillos que se había quedado vacío cuando llegó el invierno. Ese sorprendente tesoro fascinaba a Annabel y Adelynn, pero Adelynn era demasiado pequeña para trepar por los árboles, y Annabel no se sentía lo bastante bien para salir a jugar.

"Podrían ser los medicamentos que le dan migrañas", le dije a Kevin, "pero si le quitamos alguno, ¿nos arriesgamos a otra obstrucción en su intestino?".

"No busquemos problemas", respondió él. "Tiene que ir a su revisión esta semana en Boston. Si sucede algo, lo detectarán".

Al volar saliendo de Dallas-Fort Worth, Anna y yo dejamos la ciudad y las cuidadas subdivisiones que se veían abajo. El denso tráfico se convirtió en un lento hormiguero. Las granjas y campos de petróleo se extendían como si fueran una desgastada colcha de retales. Anna apoyaba su frente en la ventana del avión y observaba cómo desaparecía todo por encima de las nubes, sus pensamientos estaban lejos, sus ojos difusos por el familiar dolor de una migraña persistente. Ella había hecho este viaje las veces suficientes para saber que podía conseguir un Sprite extra de las asistentes de vuelo con su naturaleza dulce y su sonrisa. También sabía lo que le esperaba en el hospital Children's en Boston: días de agujas y sondas, de sacarle sangre y de escáneres, pruebas invasivas que la dejaban agotada y frustrada.

"Es solamente el día", le recordé. "Estaremos en casa antes de darte cuenta, y entonces, *así*", y chasqué mis dedos, "será Navidad".

Inmediatamente de acuerdo con el sesgo positivo, Annabel asintió contenta, levantó mi brazo y lo puso por encima de sus hombros, y yo moví mi pulgar por su clavícula cerca del lugar donde le habían puesto una vía PICC (catéter central insertado periféricamente) para llevar nutrición parenteral directamente a su flujo sanguíneo durante los miserables episodios en que el trastorno de pseudoobstrucción de movilidad hacía que fuera imposible que su pequeño cuerpo procesara los alimentos o incluso el agua de manera normal. En términos sencillos, el trastorno de pseudoobstrucción de movilidad es cuando las cosas no se mueven normalmente desde el punto A hasta el punto B en los intestinos. A veces está relacionado con los nervios y a veces está relacionado con los músculos; el problema concreto de Annabel afectaba a la capacidad de sus nervios de "disparar" en sincronía. Los estallidos con frecuencia se parecen y actúan de modo muy parecido a la obstrucción intestinal; de ahí el nombre de *pseudoobstrucción*.

Durante cuatro años habíamos estado tratando las brutales realidades tras todo ese vocabulario clínico. Habíamos luchado duro y por mucho tiempo, primero para obtener ese diagnóstico devastador, y después para encontrar algún tipo de esperanza y ayuda significativa para nuestra Anna. Finalmente nos abrimos camino hasta el Dr. Samuel

Nurko, director del Centro de Movilidad y Trastornos Gastrointestinales Funcionales en el hospital Children's de Boston y profesor asociado de pediatría en la facultad de medicina de Harvard. Está reconocido como uno de los principales expertos del mundo en trastorno de pseudoobstrucción de movilidad, pero Anna y sus otros pacientes le aman por su rápida y gran sonrisa y sus brillantes corbatas de Elmo. Él fue un bote salvavidas. Nos aferramos a él, aunque los gastos del tratamiento y los viajes nos estaban desangrando. Este viaje en particular había sido financiado con la venta de la exclusiva camioneta *pickup* decorada de Kevin, que decía: *Mira, mamá, ¡soy médico de animales de Texas!* que él había terminado de pagar con gran orgullo unos años antes.

Es difícil mantener calidad de vida para los niños que tienen este trastorno crónico y que amenaza la vida; estábamos desesperados por encontrar cualquier cosa que aliviara el dolor de Anna e hiciera posible que ella pudiera llevar algo aunque fuera parecido a una vida normal. El Dr. Nurko era uno de unos pocos médicos en los Estados Unidos que podían recetar cisaprida, un medicamento que había sido oficialmente retirado del mercado debido a posibles daños para el corazón y el hígado. Los viajes regulares a Boston eran una parte imperativa del acto equilibrador entre varios riesgos clínicos y aspectos positivos.

Kevin puede ponerse su traje de quirófano y ver la ciencia detrás de todo ello; yo tiendo a tomarlo más personalmente. Como mamá, ¿cómo no iba a hacerlo? Me refiero a que pienso en las prioridades de cuidar de un niño, cuando estás enfocada en las necesidades básicas de la vida. Alborotas por lo que entra, y compruebas lo que sale; esos son los componentes básicos del bienestar de tu bebé.

Para vivir, el cuerpo tiene que procesar adecuadamente tres cosas: aire, sangre y alimentos. Dos de tres no bastan. Y aunque un mal funcionamiento importante de los dos primeros te mataría con una misericordia rápida, un mal funcionamiento importante de ese tercero es una larga agonía.

Cuando el cuerpo se queda gravemente atascado en algún fallo en el procesamiento de alimentos, cualquier ayuda médica que tengas disponible es humillante en el mejor de los casos, y en el peor, es un asalto inconcebible al bienestar físico y emocional. Annabel había recorrido un largo camino hacia el final del espectro del segundo. Este maldito dragón la mordió en el centro, y era implacable, y Kevin y yo no podíamos matar a ese dragón por ella, y eso nos rompía el corazón.

En medio de todo el dolor y la invasión, las luchas por mantener el ritmo en la escuela y quedar atrás mientras sus hermanas prosperaban, Annabel había mostrado cierto tipo de aceptación animada que solamente puedo describir como sublime gracia. Durante los dos primeros años aproximadamente, recibiendo malas noticias y reveses uno tras otro, Kevin y yo desarrollamos una dura coraza, recibiendo los resultados de la última ronda de pruebas como un par de armadillos escépticos. Annabel, por otro lado, era optimista respecto a los protocolos del nuevo tratamiento y filosófica respecto a los fallidos. Ella aguantaba agujas, tubos y electrodos de manera estoica, y hacía todo lo posible por cooperar como una paciente modelo el 99 por ciento del tiempo. Irradiaba paz y alegría, lo cual era un imán para el cariño. Estábamos rodeados por un círculo íntimo de amigos y familiares que horneaba, y oraba, y se esforzaba por nosotros, apareciendo sin saberlo con antelación para ocuparse de Abbie y Adelynn.

En el aeropuerto en Boston, nos recibieron nuestros buenos amigos Beth y Steve Harris, quienes nunca nos dejaban bajarnos del avión y enfrentarnos a la ciudad solas. Nos conectamos con ellos originalmente por medio de la esposa del pastor que nos casó a Kevin y a mí. Ella había estado orando por nuestra familia, por las batallas de Anna, y cuando se enteró de que nos dirigíamos a Boston, se puso en contacto con sus buenos amigos Beth y Steve, quienes ni una sola vez nos permitieron llegar al aeropuerto sin que hubiera alguien para recibirnos y llevarnos a nuestro hotel.

Beth rodeó con sus brazos a Annabel, y nos dirigimos a recoger los equipajes.

"¿Están listas para la Navidad?", preguntó Beth.

"Este año lo mantendremos en perfil bajo", dije yo. "Cosas en familia".

Aquello no era de un perfil tan bajo como parece, desde luego. Las fiestas familiares de los Beam son mucho de "sobre el río y por los bosques": pre-Navidad con mis padres (Maw Maw y Paw Paw) en Wichita Falls, Nochebuena con los padres de Kevin (Gran Jan y P Paw) en Houston, y Nochevieja con la *nonny* de Kevin (es decir, la "abuela" si uno no es del norte de Mason-Dixon Line) en su apartamento al lado del mar en Corpus Christi.

"Bueno, eso suena estupendo, ¿no?", dijo Beth.

"Es verdaderamente estupendo", declaró Annabel. Ella se metió hábilmente en el elevador con su pequeña maleta de ruedas, siendo una viajera experimentada.

Yo la agarré del codo y le dije: "Anna, cariño, detente un momento y ponte tu abrigo antes de que salgamos".

Ella llevaba una camiseta rosa con una mariposa brillante con una chaqueta de lana de manga corta incorporada que cerraba con una cremallera en el medio (su moda favorita en aquel momento) y que era perfecta para un soleado día de diciembre en Dallas-Fort Worth pero no tanto para Boston. Cuando ella se detuvo para ponerse su cálido parka, noté que durante el vuelo, la pequeña mariposa le quedaba más ajustada sobre su estómago hinchado. Un sentimiento de inquietud me recorrió el cuello.

Llegamos al auto e intercambiamos otra ronda de cálidos abrazos con Steve.

"¿Cuánto tiempo van a estar aquí?", preguntó. "¿Tendrán tiempo para ir a cenar con nosotros?".

Steve y Beth eran compañeros de cena perfectos, estaban familiarizados con el menú limitado que podría irle bien a Anna cuando ella podía comer alimentos sólidos.

"Solamente pasaremos la noche esta vez", dije yo. "Un examen rutinario, análisis de sangre y electrocardiograma para asegurarnos de que las medicinas no están afectando a su corazón. Hecho y hecho". Hice un gesto despreocupado con la mano. "Entrar por una puerta y salir por la otra".

Yo no permitía que ninguna otra posibilidad proyectara una sombra sobre nosotras. No esta vez, porque ese era el plan, y Kevin y las niñas estaban esperando que regresáramos a casa, y ¡vamos, Señor, es Navidad!

Supongo que nuestro dragón mascota no apuntó eso.

A la mañana siguiente me dijeron:

"Hay que ingresar a Annabel. No nos gusta lo que estamos viendo. Tenemos que ver lo que está sucediendo en el tracto digestivo. Ella está pálida, muy hinchada, y la migraña es otro tema preocupante".

"Entiendo la necesidad de más pruebas", dije yo con prudencia. "Lo que pasa es que ella ha estado en el hospital mucho tiempo durante los dos últimos años, *mucho*, y es muy trabajadora, pero quedará devastada. Y la semana pasada estaba normal, bueno, como es normal para ella, quiero decir. Todo lo bien posible. Tuvo el dolor crónico, pero estuvo comiendo y bebiendo, y su sistema parecía estar trabajando relativamente bien. Se suponía que esta sería una revisión de rutina. Por favor, si tratan el problema agudo, hagan algo con respecto al dolor y después dejen que se vaya; podemos hacer el seguimiento con el Dr. Siddiqui en Austin. Él fue entrenado por el Dr. Nurko, y trabajan muy de cerca. Y cerca de nuestra casa tenemos a nuestro maravilloso pediatra, el Dr. Moses, que se ha estado ocupando de Anna desde que era una bebé".

Intenté no sonar como si estuviera suplicando; pero estaba suplicando. Suplicando a ese médico, suplicando a Dios; incluso habría suplicado al Santa Claus de la esquina si eso hubiera hecho algún bien.

"La van a ingresar", le dije a Kevin por teléfono esa noche. Sentí su pesado suspiro al otro lado de la línea. Él conocía la rutina tan bien como yo, y también Annabel. Ella comenzaría con NPO (*non per os*), que significa no comer ni beber nada. Una vía intravenosa comenzó a rehidratarla y permitir que sus intestinos descansaran. Después llegarían los preparativos para la prueba invasiva del tracto intestinal superior e inferior, el enema de bario y la colonoscopia, para asegurar que no nos estuviéramos dirigiendo hacia otra peligrosa obstrucción.

"¿Cuál es su nivel de dolor?", preguntó Kevin.

"Ella dice que seis o siete, pero ya sabes lo estoica que es. Siempre lo minimiza".

"¿Y cómo están sus ánimos?".

"No muy bien", dije yo. "Nunca la he visto así, Kevin.

Mira fijamente el televisor, no se levanta para mirar por la ventana o ir a la sala de juegos, no habla con nadie...".

"Mami", dijo Annabel lloriqueando, "¿pueden ponerme una almohadilla térmica en el estómago?".

"Claro, cariño". Le entregué mi teléfono celular. "Mira, habla con papá mientras voy hasta el cuarto de enfermeras y la consigo. Eso será más rápido que llamar por el timbre".

Cuando regresé con la almohadilla térmica, su papá le hacía sonreír un poco. Aún estaba apagada, para como era Annabel, pero mi corazón se agarró al sonido de su risa suave. Le hice acomodarse con la almohadilla térmica, y ella me entregó el teléfono.

"Debería dejarte ya", le dije a Kevin. "Tienes que ir al trabajo desde temprano".

"Estaré bien, cariño", dijo Kevin, pero yo sabía que él no creía eso más que yo. "Te amo, Christy".

"Yo también te amo".

"Dile a Anna que la amo. Ya se lo he dicho yo, pero... bueno, díselo otra vez".

"Lo haré", le dije. "Diles a Abbie y Adelynn que las extraño muchísimo".

"Ellas también te extrañan".

"Diles que se cepillen los dientes; y usen el hilo dental. Y dile a Abbie que saque la nariz de su libro y te ayude con la cena".

"Lo tengo controlado. No te preocupes de eso".

Nos dijimos "te amo" una vez más. Quizá más de una vez más. Yo apagué el teléfono, bajé las luces, me quité los zapatos y me tumbé al lado de Anna, haciéndole mimos, acercando su pequeño y cálido cuerpo hacia mi vientre como si aún pudiera abrigarla y protegerla ahí.

"Todas las salas están decoradas con un millón de

titilantes luces de Navidad", le dije mientras le apartaba el cabello de su frente. "Cuando te duermas un poquito, iremos a dar un paseo".

"No tengo ganas de eso". Su voz sonaba muy hueca y triste.

"Ah, vamos. Decoran las salas, ¿no? Este lugar...tienen salas durante días, estoy aquí para decírtelo".

"No, gracias".

"¿No deberíamos ver si tienen Disney Channel? Quizá estén poniendo ese programa con Selena Gómez. O podría leerte hasta que te duermas. ¿Te gustaría eso?".

"No".

"Annabel...cariño mío...".

Podía sentir la respiración en su pecho, y por primera vez en su largo y arduo viaje, se vio abrumada por un llanto profundo e inconsolable. Un océano de tristeza pareció tragársela en una ola tras otra de amargas lágrimas. Toda mi alma lloraba con ella, pero reprimí las lágrimas intentando darle algo sólido a lo que aferrarse, alentándola a respirar, dándole besos en la frente, acariciando con mi mano la almohadilla térmica que tenía sobre su estómago hinchado. Apreté bien mi mandíbula en oración ferviente y silenciosa: *Por favor, Señor, por favor, deja que yo lleve el dolor. Lo tomaré por ella, Señor. Haré cualquier cosa si tú por favor, por favor, me dejas llevarlo. Oh Dios, tú diste a Agar y a su hijo agua en el desierto; te ruego, te ruego, ten misericordia...*

Ella estuvo llorando mucho tiempo, con sollozos interrumpidos con preguntas genuinamente perplejas: *¿Por qué estoy así? ¿Por qué no puedo ser como mis hermanas? ¿Cómo puede estar sucediendo esto cuando tantas personas con mucha fe me han levantado en oración tantas* *veces?* Yo no tenía respuestas para ella. ¡Yo había estado haciendo las mismas preguntas!

Su llanto finalmente se calmó y se convirtió en una respiración agotada y con hipo. Parecía haberse dado por vencida, y su cuerpo estaba flácido y con fiebre; la chispeante energía eléctrica tan típica de Annabel parecía disiparse con cada tranquilo suspiro. Yo seguía tumbada escuchando la tranquila actividad en el mostrador de enfermeras más adelante en el pasillo y el suave *pip pip* de la vía intravenosa al lado de la cama. Pensé que Annabel se había quedado dormida.

"Mamá...quiero morirme e ir al cielo y estar con Jesús donde no hay dolor".

Una oleada de frío asombro recorrió todo mi cuerpo.

"Annabel...", buscaba la respuesta correcta. "Si tú...si te fueras al cielo, entonces no estarías conmigo y con papá. Habría un hueco muy grande en mi alma, y estaría muy triste".

"No, mamá", dijo sin perder baza, "tú te matarías y te irías conmigo".

"*Anna...*". No salió ninguna palabra.

La afirmación fue muy abrupta, muy directa y sin vacilación, un sentimiento tan oscuro de un espíritu tan brillante. Asqueada, golpeada por la tristeza, entendí: ella había estado pensando en eso, considerando de modo pragmático todos los ángulos. Lo tenía todo pensado.

Cuando Annabel se quedó dormida, salí silenciosamente al pasillo y llamé a Kevin.

"Físicamente no está peor de lo que ha estado en el pasado", le dije, "pero mentalmente está en un lugar que me da miedo de verdad".

Al pensar en retrospectiva ahora, no sé por qué quedé

tan cegada por su deseo, su oración, de irse y estar con Dios. Annabel es una realista cuyo segundo nombre es Faith (Fe). ¿Por qué no iba a querer terminar con esa larga y agotadora lucha? Yo era quien le había hablado sobre Dios y Jesús, y el claro día del cielo. Yo sabía que ella estaría segura allí, libre de dolor y alegre para siempre con su Salvador, pero con todo mi corazón egoísta, quería que estuviera conmigo. Con toda mi alma, deseaba que ella quisiera seguir adelante.

Por favor, Dios, por favor, no hagas esto. Oh Jesús, dale las fuerzas para continuar.

Durante los días siguientes, terapeutas físicos fueron enviados para darle la lata y que se levantara de la cama, y un psicólogo infantil llegó para alentarla a hablar sobre sus sentimientos. Después del periodo de no comer ni beber, cuando quedaron convencidos de que no había ninguna obstrucción y su tracto digestivo estaba volviendo de nuevo a la acción, las enfermeras y yo le adulamos y le rogamos que comiera y bebiera, pero ella seguía apoyándose en la vía intravenosa como su única fuente de nutrición e hidratación. Era capaz de moverse, comer, beber, jugar...podría haberse levantado de la cama, pero decidió no hacerlo. Normalmente le encantaba que Beth, que era cálida, estilosa y divertida, llegara a verla y se quedara con ella para que yo pudiera regresar al hotel y darme un baño. Ahora Anna solamente quería dormir, y quería que yo me quedara a su lado con ella mientras dormía.

"¿Sabes cuántas personas están orando por ti hoy?", le decía yo cada mañana. "Muchas. Maw Maw y toda su clase de escuela dominical en Wichita Falls están orando por ti. Paw Paw y todos los otros diáconos de la iglesia están orando por ti. Gran Jan y P Paw y Nonny, y todos nuestros amigos y familiares...".

Le acariciaba la cabeza, recitando esa letanía de amor, esperando que ella sintiera sus oraciones rodearla como una gran fortaleza.

El Dr. Nurko había salido de la ciudad debido a una emergencia familiar, así que en lugar de sentarme con nuestro campeón de confianza entre el familiar lío de la sala de juegos del hospital, me senté en el extremo de una mesa de conferencias de cara a todo el equipo de rugby médico. Delante de ellos tenían extendidos todo tipo de escáneres y pruebas físicas. Esa era la primera vez que el espíritu de Anna había decaído seriamente, y ahora su estado mental era tan débil y aterrador como el acechante trastorno en sus intestinos.

"Estamos muy preocupados", dijo alguien.

Todos alrededor asentían con un lúgubre: "Muy preocupados".

Yo anhelaba el firme consuelo de la presencia serena de Kevin a mi lado. Desde el principio, yo era la Mamá Osa. No tenía problema alguno con molestar y arengar por Annabel, pero Kevin sabía qué preguntas correctas hacer. Él hablaba el idioma de los diagnósticos y tenía las credenciales que cambiaban el tono de voz de ellos. Ellos me llamaban "Mamá" y me mostraban una sonrisa tolerante; llamaban a Kevin "Doctor" y le daban respuestas.

Se presentaron varias estrategias, incluida la idea de que deberíamos recortar su dosis de cisaprida y añadir un antidepresivo a la mezcla, pero antes de que tuviéramos una oportunidad de ver si eso estaba funcionando, sucedió la mejor cosa posible.

Aquella mañana, después de que Kevin y yo habláramos,

él apagó su teléfono, bajó las escaleras y gritó: "¡Abigail! Prepara las maletas para ti y Adelynn".

Ella sabía cómo proceder; ella y Adelynn con frecuencia eran levantadas de la cama o las iban a recoger a la escuela y les decían que las llevaban a casas de amigos o familiares mientras Kevin y yo llevábamos a Annabel a urgencias. Minutos después, ella tenía las maletas listas y estaban preparadas para salir. Se dirigieron a la destartalada camioneta diesel que Kevin había tomado prestada de la clínica veterinaria; era un sustituto ruidoso del elegante Docmóvil por el que él había trabajado tan duro, pero estaba agradecido de tener ruedas.

"¿Dónde vamos?", preguntó Abbie mientras se subían al vehículo.

"A Boston".

Condujo serio hacia al aeropuerto que estaba a una hora de distancia, y mientras iban conduciendo, Abbie sacaba de la billetera de su papá una tarjeta de crédito tras otra y le leía los números que había atrás para que él pudiera llamar y rogarles que le extendieran el crédito para comprar billetes de avión para él mismo y las niñas. Nunca sabremos verdaderamente lo que le costó hacer eso. Kevin sentía un gran orgullo por su independencia. Se había abierto camino trabajando mientras estaba en la escuela, estudió duro, llegó alto; había construido una sólida carrera, proporcionando una buena vida para mí y las niñas. Estaba comprometido a enseñarlas mediante el ejemplo sobre ética de trabajo, integridad e independencia. Él es sencillamente ese tipo de hombre "la sal de la tierra". Pero no pudo soportar la idea de que lo que estaba sucediendo en Boston, tan lejos, y no ser él capaz de ayudar a Annabel.

Tuvo que tragarse su orgullo, me dijo después, para

subirse en esa destartalada camioneta con diez dólares en su bolsillo y con el celular en su oído tratando de suplicar y conseguir con artimañas dinero de desconocidos mientras su hija escuchaba, con los ojos como platos, queriendo ayudarle. Que ella tuviera que ser testigo de aquello hacía que fuera mil veces peor. Pero Abbie es una chica curtida, le dije yo; ella es lo bastante sabia para saber que no hay ningún hombre más fuerte que el hombre que está dispuesto a dejar a un lado su orgullo por su familia. Kevin finalmente obtuvo un incierto visto bueno del representante de servicio al cliente en una de las empresas de crédito. Ella en realidad no podía subir el límite, pero le dijo que lo intentara.

"Nunca se sabe", le dijo ella. "Podría funcionar".

Gracias a Dios por los pequeños favores, como dice la frase.

Tarde aquella noche, Annabel estaba tumbada en la cama del hospital, despierta pero sin interés en la televisión que sonaba en el rincón. Cuando Kevin y las niñas aparecieron por la puerta de su habitación del hospital, ella se quedó totalmente estupefacta. La expresión de su cara (¡y de la mía también!) no tenía precio. Kevin la rodeó entre sus brazos mientras Abbie y Adelynn corrieron y me abrazaron como si fueran coalas subiéndose a un árbol.

"Uuuuun momento". Annabel parpadeó, intentando procesarlo. "Estoy en *Boston*. ¿Qué están haciendo aquí?".

"¡Hemos venido a verte!". Abigail y Adelynn se rieron y se subieron a la cama para mostrarle los dibujos deseándole que se mejorara que habían hecho para ella en el avión. "¡Queremos que te mejores!".

Kevin y yo nos miramos el uno al otro por encima de sus cabezas color miel. Y entonces Abigail, siempre la instigadora principal con la pose de las hermanas Beam, logro solamente en treinta segundos lo que los médicos, las enfermeras, los terapeutas y yo no habíamos conseguido hacer en toda la semana.

"Enséñanos la sala de juegos, Anna", dijo ella. "¿Tienen una aquí?".

"Sí, pero no tengo ganas de...".

"*Vamos*". Abbie no iba a aceptar eso. "¡Venga, vamos!".

Y con eso, Annabel se levantó de la cama, arrastrando el soporte de la vía intravenosa como si fuera una profesional, y salió por la puerta; todos nosotros seguíamos como si fuera un desfile de Mardi Gras. Eran pasadas las 11:00 de la noche, pero las enfermeras estaban tan emocionadas por ver una chispa de vida en ella, que abrieron la sala de juegos y dejaron que las hermanas Beam se hicieran cargo del lugar, gritando y riendo. Annabel estaba demasiado débil para cualquier grado de alboroto, pero Abbie y Adelynn instintivamente "llevaron la montaña a Mahoma", creando un juego que incorporaba el molesto aparato de la vía e imaginaron de nuevo todo el mobiliario de colores vivos que había en la pequeña sala de juegos.

"Abbie", dijo Annabel, "¿quieres hacer la escena de la bruja?".

Adelynn se puso de su lado al instante. "¡Sí! Abbie, ¡haz la escena de la bruja! Por favor, por favor, ¿por favor?".

La representación obligada de la obra de Abbie de una sola niña comenzó como cada vez que Anna estaba en el hospital, con Abbie representando a la pequeña y dulce sirvienta que por alguna razón estaba obligada a servir a una bruja terrible, también representada por Abbie, quien por alguna razón no especificada, tenía intención de hacer daño a la sirvienta. Pero todo lo que la bruja intentaba hacer le salía mal de alguna manera espectacular y bufonesca. Tropezaba con su propia escoba; el agua de la tetera se derramaba; un búho se quedaba enredado en su cabello. Mientras Kevin y yo nos retiramos a un rincón para hablar de "cosas asquerosas", la pobre bruja se encontraba con un desastre tras otro, y Annabel y Adelynn se partían de risa.

Ya que había más "asco" de lo normal esa vez, finalmente les dije a las niñas que podían ir a ver el inmenso árbol de Navidad que había en el vestíbulo.

"Abbie se queda a cargo, ¿de acuerdo? Adelynn, lo digo de veras. Haz lo que Abbie diga. Tranquilas en el vestíbulo. No molesten a las enfermeras. Abbie, toma mi celular y llama al celular de papá cada diez minutos para ver cómo van, ¿de acuerdo?".

Annabel languideció un poco. "Mamá, no me siento bien. Quiero tumbarme".

"Anna, es una aventura", dijo Abbie. "Además, te sentirás mejor si caminas un poco. Fingiremos que estamos en una película que va *a cáaaamaraaaaa leeeeeeeeentaaaaaaaaaaa*".

Así que ahora era un juego, y Annabel no pudo resistirse. Sonreí a Abbie por encima de su cabeza y susurré:

"¡Eres brillante!".

Mientras ellas se alejaban por el pasillo, sonriendo y nadando por el espeso aire, yo me apoyé en la pared.

"Oh, cariño…", dije, sin saber por dónde empezar.

Él apretó la mandíbula, pero la emoción llenó sus ojos.

"Vine para llevarme a mi familia a casa", dijo.

Yo me acurruqué en los brazos de ese hombre al que amo, la única casa que necesitaba.

Capítulo dos

Aunque tropiecen, nunca caerán, porque el Señor
los sostiene de la mano. Una vez fui joven, ahora
soy anciano, sin embargo, nunca he visto abandonado al justo.

Salmo 37:24–25

A LA MAÑANA SIGUIENTE, estábamos decididos a convencer
al médico de que Annabel estaría mejor fuera del hospital,
pero fue realmente Annabel quien lo persuadió con una
nueva chispa de vida inconfundible. Él le dio el alta con la
comprensión de que tendríamos que vigilarla de cerca para
asegurarnos de que el cambio de medicamentos no pro-
dujera ningún efecto secundario indeseado. Aunque significaría un cargo mayor a nuestras tarjetas de crédito, con
nuestros dedos cruzados acordamos quedarnos en Boston
el fin de semana para así poder llevarla rápidamente al hospital si las cosas empeoraban. Nos quedábamos en el hotel
contiguo al hospital, el Inn at Longwood Medical, y concer-
tamos una cita de seguimiento con el Dr. Anees Siddiqui,
el protegido del Dr. Nurko en Austin, para reajustar las
dosis de medicinas si era necesario.

Pese a las circunstancias, o quizá debido a ellas, tuvimos un fin de semana familiar maravilloso. Durante los

brillantes días de invierno, caminamos por el Freedom Trail (el Sendero de la Libertad), visitamos el Museo Children´s, y recorrimos el acuario. En la noche, admiramos las espectaculares luces de Navidad por toda la ciudad y nos acurrucamos juntos con almohadas y mantas frente al televisor de la habitación del hotel. La ciudad estaba llena de canciones de Navidad, campanas y buenos deseos, y las niñas estaban envueltas de mero deleite infantil en Navidad. Para tres hermanas sureñas, Boston a mitad de diciembre era un país de las maravillas al norte en invierno. Annabel estaba débil; pasaba la mayor parte del tiempo subida a los hombros de su papá y tenía que trabajar para comer y beber, pero sus ánimos parecieron remontarse. Y también los míos. Cada vez que todos comenzábamos a reírnos de algo, lo cual sucede mucho en nuestra familia, yo sentía un arrebato de puro gozo.

El lunes en la mañana, Kevin y yo hablamos con el médico, pero éramos renuentes a llevar a Annabel otra vez al hospital para verlo. Físicamente ella no estaba peor, aunque pálida y con su hinchazón usual y dolor crónico, y su estado emocional parecía muy frágil. Sentimos que la habíamos agarrado y salvado del precipicio, y no queríamos forzarla a acercarse tanto otra vez. Kevin era plenamente capaz de monitorear sus signos vitales, y yo estaba plenamente familiarizada con las señales de advertencia; decidimos llevarla a casa con planes de hacer un seguimiento con un especialista en Austin.

La buena amiga de Annabel, Ángela, que trabajaba como camarera en el restaurante del hotel, apareció para visitarnos antes de irnos a casa el martes. Annabel tenía un regalo especial de Navidad para ella: un brazalete tejido con limpiapipas.

"Hice esto para ti, para que no me olvides", dijo Annabel poniéndolo en la mano de Ángela. "Color púrpura, porque ese es tu color favorito, y rosa porque ese es mi color favorito. Y el blanco significa paz".

Anna rodeó con sus brazos a Ángela y la abrazó fuerte. En los ojos de Ángela pude ver la misma pregunta que pesaba sobre mí. Más adelante, ella me mandó un correo electrónico: "Por primera vez en mi vida, verdaderamente me quedé sin palabras. ¿Por qué me dijo eso? ¿Cómo podría olvidarla? No se lo pregunté, pues tenía mucho miedo a sus respuestas".

UNAS SEMANAS DESPUÉS DE llegar a casa, los padres de Kevin (Gran Jan y P Paw para las niñas) fueron los anfitriones de la Navidad para toda la familia en su casa en Houston.

Yo me incorporé a la liga principal de maternidad cuando me casé en el clan con Gran Jan y su madre, Nonny, que se acerca a los noventa años de edad y aún sigue pasando a modo súper Nonny cada vez que su familia la necesita, lo cual ha sucedido en varias ocasiones difíciles. Después de que Nonny se mudara a su apartamento en Corpus, las vacaciones se dividían con la Nochebuena y la Navidad en casa de Gran Jan y P Paw, y el Año Nuevo en casa de Nonny en Corpus.

Hay un viejo canto de la iglesia que compara el cielo con una reunión familiar, y ciertamente daba esa sensación cuando llegamos en Nochebuena, abrazando y saludando a todos. El hermano mayor de Kevin, Eric, estaba allí con su esposa, Melissa, y sus hijos: Braiden (ya un adolescente con trece), Brooke (de diez años, perfectamente entre Abbie y Anna), y Bennett (de solo cinco). Después llegó nuestro grupo, seguido por la hermana pequeña de Kevin, Corrie, con su esposo Mark y sus dos niñas pequeñas: Landrie y la bebé Tatum.

Las niñas dejaron sus mochilas y salieron por la puerta en casi treinta segundos, dirigiéndose al patio trasero donde Braiden y Brooke ya estaban trepando por el viejo e inmenso roble.

"Escuchen, hermanas", grité yo, y cuando ellas se giraron para mirarme, batallé por hacerles las advertencias usuales: *¡Tengan cuidado! ¡Despacio! ¡No suban demasiado alto!*

"Mamá", se quejaron al unísono. Annabel se cruzó de brazos, leyéndome la mente.

Kevin y yo decidimos desde un principio que nunca trataríamos a Annabel como la pobre niñita enferma; ella era cualquier otra cosa excepto eso. Nuestras tres hijas son niñas de campo bruscas que trepan a los árboles, saltan charcos, ruedan en un viejo neumático de tractor por la puerta del ganado, lo cual significa que nos presentamos en la sala de urgencias local debido al ocasional hueso roto o para que les pongan una inyección contra el tétanos. Ese día en casa de Gran Jan, el ocasional hueso roto o la inyección contra el tétanos que conlleva ser una fuerza de la naturaleza felizmente imparable me daba mucho menos miedo que ver el espíritu derrotado de Anna en aquella cama de hospital en Boston. Ella no era necia o imprudente por naturaleza, tenía a Abbie que la vigilaba, y ya había tenido a suficientes personas sobre ella diciéndole que no podía hacer cosas.

"Diviértanse", dije yo.

Ellas se alejaron saltando como si fueran tres Golden retriever, y yo entré para buscar un punto estratégico desde donde poder espiarlas a través de la ventana. Abbie fue la primera en subir al árbol, pero Anna no necesitó mucho tiempo más para ponerse a su altura, y momentos después estaba subida en las ramas, decidida a subir más alto y ser más valiente que nadie.

"Estarán bien", dijo Corrie, mirando por encima de mi hombro. Otra lectura de mente. "Vaya, Anna es como un pequeño mono, ¿verdad?".

"No tiene absolutamente ningún miedo", dije yo. "Yo tengo que estar asustada por las dos".

El grupo de primos se agotó corriendo hasta el atardecer trepando, saltando, columpiándose, riendo… habitando las ramas del viejo roble como si fueran una bandada de estorninos. Justamente en el momento en que se encendieron las farolas, todos entraron en busca de chocolate caliente y galletas.

La casa estaba decorada con todo detalle, pero de modo muy amigable para los niños. Siempre hay un pueblecito navideño y se permite a los niños lanzar autos pequeños dentro y fuera de las casas grandes. Una pequeña fila de casas Hallmark recorre la repisa de la chimenea donde colgamos los calcetines, hechos a mano por Nonny, fuertes y elásticos para que quepan muchas cosas. El árbol de hoja perenne, recién cortado y fragrante, pesaba con ornamentos de recuerdo y tenía que ponerse sobre una plataforma elevada para poder acomodar todos los regalos que se amontonaban debajo. Desde luego, al ser una niña de once años, Abbie ya sabía la verdad, pero Annabel y Adelynn seguían dispuestas a ser emocionadas y asombradas por cómo Santa Claus había recibido el recordatorio de que nuestra familia estaría en casa de Gran Jan y P Paw en Navidad y donde le pedían si podía pasar por allí con sus juguetes, libros y ropa nueva.

La inmensa habitación donde abrimos los regalos (tan solo las pijamas navideñas en Nochebuena, y el resto la mañana de Navidad) está decorada con un equipo agrícola antiguo, incluido un arado muy usado y tirado por caballos, de la vieja granja familiar de los Beam en Indiana. Cada rincón está lleno de recuerdos de Mimi, la mamá de P Paw, y de la granja; las niñas se lo pasaban muy bien al visitarla allí, al igual que Kevin cuando era pequeño, pero realmente llegaron a conocerla después de que se mudara a un apartamento tutelado para mayores cerca de los padres de Kevin en Houston. Nos encantaba escuchar a Mimi cantar al piano, todos los viejos cantos de la iglesia; ella tocaba de memoria y tenía una voz hermosa.

La extrañábamos esa Navidad; se había ido hacía apenas un año.

Al ver videos caseros de esa Navidad, tengo que sonreír al ver cómo Abbie está paseando con Landrie sobre su cadera, muy lista para ser niñera, aunque yo no estaba tan preparada para dejar que lo hiciera. Adelynn mira rápidamente su calcetín navideño, haciendo un divertido comentario sobre cada cosa como si fuera la maestra de ceremonias en el desfile de Macy's. Annabel está apagada pero sigue siendo una niña la mañana de Navidad, y es desgarrador verla acercarse a la cámara con su calcetín para sacar sus dulces mientras los otros niños en un segundo plano ya están devorando los suyos.

Kevin, quien sujeta la cámara, dice: "Quizá pueden preguntar a mamá si pueden comerse solo uno".

"Está bien", dice ella. "No vale la pena enfermarse en Navidad. Puedes quedarte con estos, papá".

"Muy bien, yo me comeré el chocolate", dice Kevin. "Haré ese sacrificio por ti, cariño".

Todos nos reímos, y yo le digo: "Puedes comerte unos cuantos Life Saver, Anna". Y ella es feliz con eso.

Aquella noche, las radios de los autos y el aire frío estaban llenos de canciones de Navidad. Cientos de hogares en el barrio participan en su Noche de Luces anual. Los texanos no son conocidos por su sutileza; estas personas lo dan todo con muñecos de nieve hinchables inmensos, renos de madera contrachapada, y formas de golosinas de plástico soplado. Hay escenas navideñas tradicionales, escenas navideñas de temas de vaqueros, escenas navideñas de temas afroamericanos, estrellas de David, estrellas de Belén, estrellas solitarias, y luces de todas las formas, colores y estilos, incluidos los pequeños y populares chili peppers, brillando intermitentemente por todas partes. Cada año, miles de visitantes son bienvenidos a conducir despacio recorriendo las calles sin salida, teniendo cuidado con los muchos peatones y empapándose del espíritu de la estación. A nuestras niñas les encanta cruzar esas luces navideñas cada año, con las ventanillas traseras bajadas y sus cuellos asomados para ver las estrellas y los trineos totalmente cargados y situados en los tejados.

Yo me sentaba en mitad del asiento delantero, con mi cabeza apoyada en el hombro de Kevin, escuchando a las niñas cantar al son de la radio, y tenía que sonreír, oyendo un eco del canto de Mimi en sus claras voces de soprano.

Brilla la estrella de paz...

Cuando yo era pequeña, mi papá era diácono de la iglesia y mi mamá cantaba en el coro. Recuerdo que ella ensayaba cada año para ser parte del Árbol de Navidad Viviente. El coro completo estaba de pie sobre plataformas que formaban un gran árbol navideño con cada alma como un hermoso adorno. Anna y sus hermanas habían estado escuchando las canciones tradicionales durante toda su vida, junto con la historia de la Navidad leída en Lucas 2. Me encanta la parte donde dice que María, la madre de Jesús, miraba atrás a todo lo que sucedió durante su primer año de maternidad, los desgarradores días de dificultad y fe, lo aterrador y lo milagroso.

Ella guardaba en su corazón todas esas cosas y meditaba en ellas, dice Lucas.

Entre el resplandor de las luces navideñas, yo pensaba en Boston. En la desesperación de Anna. En el heroico salto de fe de Kevin. Regalos preciosos hechos con amor y recibidos con gozo. Estar allí ahora, rodeada por la familia, era el mayor regalo que yo pudiera imaginar, pero me sentía igual de feliz al atravesar la puerta de nuestra propia casa.

Nuestro bullicioso comité de bienvenida nos recibió en la puerta, moviéndose y ladrando, dirigido por Cypress, el Goldendoodle grande y blanco de Anna. Unos años antes, Kevin había hecho algunas cirugías para una organización que rescataba perros de raza Doodle. La directora de la organización se conmovió cuando supo cómo estaba batallando Anna con su salud, y como agradecimiento por el trabajo de Kevin, le ofreció elegir entre crías recientemente rescatadas. Ella escogió un macho torpe y encantador llamado Hoss porque era muy grande, pero le cambió el nombre a Cypress para que estuviera en consonancia con los nombres relacionados con ríos de nuestros otros perros. Cypress rebosaba de alegría cuando Anna entró por la puerta. Ella había estado lejos demasiado tiempo para gusto de él, y en los días siguientes apenas permitía que se alejara de su vista.

Gracias a Dios por esa semana entre la Navidad y Año Nuevo. Siempre necesitábamos ese tiempo para bajar la increíble comida sureña en casa de Gran Jan y prepararnos para el suntuoso festín de Año Nuevo de los horneados de Nonny. Mientras tanto, el montón de ropa para lavar llegaba hasta el techo. El buzón de correo estaba lleno de facturas médicas e informes de las tarjetas de crédito. Aunque yo no había hecho tanto como lo que normalmente hago para decorar la casa para Navidad, había hecho suficiente para que la hora de quitarlo se convirtiera en una tarea abrumadora en sí misma. Lo más importante, yo quería que las niñas tuvieran un momento para disfrutar de las vacaciones escolares antes de que tuviéramos que llevar a Anna a Austin para su cita de seguimiento con el Dr. Siddiqui, cuando podríamos enfrentarnos a la posibilidad de otro asedio hospitalario.

Los primeros días después de la Navidad, Annabel estaba visiblemente agotada. Toda aquella diversión había causado estragos en su energía. Se había sentido bastante bien con la pequeña cantidad de caprichos navideños que le permitimos, pero su estómago seguía hinchado, y ella pedía analgésicos para el dolor mientras estaba delante del televisor con la almohadilla térmica. No parecía deprimida, pero estaba callada. A veces era su estoica tranquilidad usual; otras veces era una tranquilidad resonante y reflexiva que me inquietaba, y como si él también la sintiera, Cypress se acurrucaba cerca de su costado.

El día 30 de diciembre de 2011 era brillante y templado, el tipo de día invernal que tenemos en mente cuando los veranos llegan a ser insoportables, con casi 67° (20°c) cuando las últimas sombras de la tarde se extendían por la arboleda de álamos. Abigail y Adelynn habían estado fuera jugando la mayor parte del día. Abigail es un ratón de biblioteca, pero eso hace lo opuesto a convertirla en un gato de chalet; en cambio, todas esas historias que dan vueltas en su cabeza avivan su imaginación, y ella siempre está reclutando a sus hermanas para poblar algún lejano arrecife de sirenas, una estación espacial o un rodeo de unicornios. Había estado animando a Anna pacientemente y persistentemente para que saliera a jugar desde que regresamos a casa desde Houston, así que quedé agradablemente sorprendida cuando Annabel asomó su cabeza por el cuarto de la colada para decirme: "Voy fuera con Abbie y Adelynn".

"Ah, muy bien". Yo asentí y sonreí, pero no quería hacer que ella sintiera que para mí era un acontecimiento. Llevaba su confiable camiseta con cremallera con la mariposa brillante. Yo tiré un poco de la manga corta y pregunté: "¿Estarás bien abrigada?".

Ella se cruzó de brazos y puso la expresión que decía: *Vayaaaaa, ¿es que parezco un bebé?* Yo ni siquiera me atreví a hacer sugerencias sobre el calzado. Annabel nació descalza y sigue decidida a seguir de esa manera el 95 por ciento del tiempo. Los zapatos de Abbie y Adelynn estaban también en la puerta; fuera era un día como para ir descalzo.

"Tengan cuidado", dije yo. "Cenaremos dentro de un rato".

Ella salió rápidamente por la puerta, con su cabello a la altura del hombro ondeando y Cypress galopando tras ella. Antes de regresar a las tareas de la casa que me ocupaban, cerré los ojos y suspiré un sincero: "Gracias, Dios". Ver a un hijo salir por la puerta rápidamente para jugar no parece un milagro para todo el mundo, pero era un milagro para mí.

En ese momento.

En los años que siguieron, les pedí a Kevin, a las niñas y a otras varias personas que escribieran lo que recordaban sobre las seis horas que llegaron tras aquello. Yo lo fui juntando como si fueran piezas de un puzle con todo lo que sabía entonces sobre mis hijas, todo lo que aprendí sobre el árbol, y todo lo que creía sobre Dios. Hice lo que hizo María. Recordé. Medité. Es así como soy capaz de relatar esta historia ahora. Porque desde mi perspectiva, aquellas seis horas aún las siento como un muro de mármol de ferviente oración y crudo terror.

LAS HOJAS EN LA arboleda de álamos susurraban con la brisa por encima de la cabeza de Adelynn. Ella caminaba sobre la rama caída como si fuera una barra de equilibrio, disgustada y protestando porque era demasiado pequeña para trepar al árbol, y Abbie y Anna no iban a bajar. Sujetándose entre dos troncos, ellas habían trepado, subiendo alto, más alto, lo bastante alto para agarrarse y subirse a esa rama, la que formaba el puente natural a los árboles más pequeños, donde Abbie y su amiga habían encontrado el nido abandonado.

Había habido cierta especulación en la mesa en aquel tiempo sobre lo que podría haber en el interior de la gruta que había en lo alto del tronco del árbol.

"Quizá crías de mapache".

"O ardillas".

"No, ¡un panal de miel! ¡Como en *Winnie-the-Pooh*".

"Si hay miel, habrá también un millón de abejas".

La rama que estaba justamente debajo de la cavidad abierta era tan ancha como un banco de un parque, y no parecía inestable en absoluto. Uno sentía estar en un rascacielos, tan alto como estar en el balcón del tercer piso en el edificio de Nonny, pero con tu propio pasto por debajo y tu propia casa justo al otro lado de la puerta del corral. Las niñas no tenían miedo a caerse; esperaban bajar del mismo modo en que habían subido. Así, se quedaron allí sentadas por mucho tiempo, contemplando los últimos rayos de sol, hablando de todo tipo de cosas. Yo no las presionaba a que me confiaran los detalles de su conversación privada, pero me habría encantado ser una pequeña ardilla allí arriba en las ramas, escuchando a esas dos hermanas columpiando sus pies y hablando de la vida.

Cuando la rama seca crujió, ellas se paralizaron por un instante, mirándose la una a la otra con los ojos abiertos como platos y sus bocas ligeramente abiertas, sin atreverse ninguna a respirar. Miraron hacia abajo, a la hierba ligeramente marrón que estaba a unos treinta pies (9 metros) por debajo. De repente, parecía espinosa y llena de piedras dentadas, con afilados palos y donde sobresalían trampas para animales.

"Está bien", dijo Abbie. "Cuando yo estaba aquí con…".

La rama se movió con un abrupto crujido, y las niñas gritaron.

"*¡Abbie!*".

"Annabel. No. Te muevas".

"Tenemos que bajar. Abbie, quiero bajar".

Muy por debajo de sus pies, Cypress se movía y se quejaba. Adelynn miró hacia arriba y gritó:

"¿Qué les pasa? ¿Cuándo van a bajar?".

Abbie tragó saliva y le gritó: "No te asustes, Adelynn. Ya bajamos. Ahora mismo. Estamos bajando. Estamos bien. Anna, ¿puedes…?".

"Creo que sí".

Con cuidado se pusieron de pie. La rama pareció exhalar un suspiro de agonía. Un momento antes, estaban sentadas sobre un puente de un castillo; ahora parecía quebradizo e inclinado, y ese extremo lejano del puente parecía estar muy, muy lejos.

"Anna, tienes que regresar por allí". Abbie señaló al árbol más fino a sus espaldas. "Déjame rodearte y quitar mi peso de la rama. Yo bajaré por allí". Ella asintió en la dirección del tronco del árbol arrugado. "Tan solo agáchate para que pueda rodearte. Vamos, Anna. Muévete por el tronco, donde es más seguro. Yo estoy detrás de ti".

Fueron despacio hacia la herida dejada por la rama caída.

"Bien", dijo Abbie, "pisa en la cueva un segundo para que yo pueda rodearte".

"No". Annabel meneó la cabeza. "No quiero".

"Annabel, tan solo hazlo. Es solamente un segundo. Necesito pasar a ese lado, y entonces te ayudaré a bajar".

"¡Abbie, no! ¡No quiero!".

Otro crujido. Otro suspiro artrítico.

"¡Annabel! ¡Tan solo ve! ¡Ve ahora!".

"No quiero. Abbie...no me gusta esto", se quejaba Anna, genuinamente aterrada ahora, pero envió un pie al extremo dentado de la apertura. Pedazos de corteza y madera podrida se desprendieron cuando ella puso peso encima. Se agarró del costado de la apertura, mirando en su interior. El sol estaba ya cerca del horizonte. Ella no pudo ver otra cosa que profundas sombras en la mohosa gruta.

"Anna, *muévete*. Date prisa", dijo Abbie, moviéndose despacio hacia el tronco del árbol.

"¿Qué profundidad tiene?".

"No lo sé, ¿quizá un palmo? ¿Cuán profundo parece?".

"Un palmo...supongo...".

"Anna, ¡vamos! Ve".

Anna puso cautelosamente su otro pie sobre el borde, y al instante cedió. Se agarró al otro lado con sus manos. Apoyándose en el gran agujero, luchando por sujetarse, sintió que el saliente se quebraba bajo sus pies, sintió que la fuerza abandonaba sus brazos.

Annabel se las arregló para sujetarse allí por un momento. Pero en ese momento, se dio cuenta de que no había otra cosa sino oscuridad por debajo de ella. Y al momento siguiente, ella ya no estaba.

Capítulo tres

Gracias a la tierna misericordia de Dios, la luz
matinal del cielo está a punto de brillar entre nosotros, para dar luz a los que están en oscuridad y
en sombra de muerte, y para guiarnos al camino
de la paz.

Lucas 1:78–79

ESTO ES LO QUE sé sobre el álamo: se relaciona con el chopo
temblón y el chopo, con hojas que tiemblan y se vuelven de
color dorado brillante en otoño. Es uno de los árboles más
grandes nativos de Norteamérica, pero sus semillas tienen
solamente la mitad de anchura de la cabeza de un alfiler. El
álamo hembra tiene brotes con copetes blancos y esponjosos.
Está armado con una corteza gruesa parecida al corcho,
capaz de soportar incendios en la pradera, sequía brutal y
un frío intenso. Así, el álamo permanece fuerte, verde y creciendo, incluso a medida que la edad y la enfermedad dete-
rioran la madera en el interior de las ramas y el tronco. La
rama caída y la herida abierta supimos después que eran las
señales de eso.

Cuando Annabel caía en la oscuridad, el árbol reveló al
fin su secreto: desde la gruta dentada hasta las raíces retorcidas 30 pies (nueve metros) más abajo, estaba hueco.

Ella dice que se golpeó la cabeza tres veces en el descenso, y eso es coherente con los descubrimientos de un escáner cerebral. Con los hechos delante de mí ahora, lo veo todo con una claridad enfermiza. A veces en la noche vuelve a repetirse en mi cabeza, un oscuro pasadizo con Alicia dando vueltas por la madriguera del conejo.

Annabel cayó de cabeza por el largo corredor vertical, buscando algún lado donde agarrarse. El primero de los golpes secos en su cabeza podría haberse producido cuando empezó la caída o en algún momento cuando su cuerpo se retorció al pasar por paredes deformes y nudos que sobresalían. El segundo puede haber sido cuando su cabeza se golpeara con un saliente que sobresalía unas ocho pulgadas (20 centímetros) en el interior del árbol apenas a unos cinco pies (1,5 metros) del fondo. El tercero (oh Dios, es difícil pensarlo) sucedió cuando ella se golpeó contra el suelo.

Su pequeño cuerpo se dobló por el impacto. Fragmentos de corteza, madera podrida y moho seco llovieron sobre ella. En una posición fetal distorsionada, Annabel quedó en el fondo del cañón oscuro y sin aire.

"¿Anna? Anna, ¿estás bien?".

Arriba, sobre la inestable rama del álamo, Abbie avanzó despacio hasta que pudo agarrarse al costado de la apertura por donde Annabel había desaparecido.

"¿Qué ha pasado?", gritaba Adelynn desde abajo. "¿Qué ha sucedido?".

"Annabel, ¿estás atascada?".

Inclinándose tanto como se atrevió, Abbie miró por el borde deshecho a la cavidad. Pudo ver que tenía una profundidad de más de unos pies, pero el sol estaba bajo en el horizonte ahora; ella solo podía ver sombras en el interior del árbol.

"¿Anna? Anna, ¿estás bien?", gritaba Abbie. "¿Annabel? *Anna*. Será mejor que no me estés engañando".

La única respuesta era el suave murmullo de las hojas del álamo.

Abbie cerró los ojos. *Piensa. Piensa. Piensa.*

Cruzando con cuidado la rama puente, fue bajando por las ramas, saltó a la hierba, y emprendió la carrera. Fue corriendo por el pasto hacia la casa, saltó la valla y rodeó el sendero. No creo que ni siquiera se detuviera en la puerta trasera. En lugar de entrar a buscarme, se metió en el garaje, agarró una linterna de cabeza de la zona de trabajo de Kevin, y volvió corriendo a la gruta del álamo.

No creo que fuera su intención ocultarme nada; era su intención solucionarlo. Ella pensaba que lo iba a arreglar, porque se podía solucionar, y todo estaría bien cuando ella lo solucionara, y sería solamente su historia de hermana mayor: *Una vez, ¡mi hermana se cayó al interior de un árbol! ¿Cuán locamente extraño es eso? Y yo me quedé, dije ¿qué? ¡Dios mío! Y fui corriendo hasta el garaje, agarré una linterna y volví a escalar el árbol, y la saqué, y ella estaba bien, y todas nos quedamos diciendo: ¡Dios mío! Como…eso sucedió…*

"¿Annabel? Anna, ¡he regresado! ¡Aguanta! Ya voy".

Abbie escaló el árbol y mantuvo la respiración mientras cruzaba por ese puente. Encendió la linterna de cabeza y la dirigió hacia el abismo. Las sombras dieron lugar a sombras más profundas. Las huecas entrañas del árbol parecían desaparecer en una nada.

"¿Anna? *¡Annabel!*". Abbie seguía llamándola, con el corazón en la garganta. La cavidad repetía el eco de sus palabras como si fuera un pozo seco. "Anna, por favor... por favor respóndeme".

Cuando no hubo ninguna respuesta, Abbie tragó saliva y lanzó la linterna al abismo, aterrada por lo que pudiera ver pero que necesitaba saber. La observó caer, más abajo, más abajo, más abajo, golpeando contra la madera podrida, ofreciendo algunas vistas aterradoras del conducto interminable, haciéndose cada vez más pequeña, como un tren que desaparece por una larga vía, hasta que golpeó contra algo sólido y se apagó. Abbie se quedó mirando al vacío, con una incredulidad asombrada que se iba convirtiendo en pánico.

"No... cómo puede... No, no, no... *¡Annabel!*".

"¿Abbie?". Adelynn se estaba asustando. "¿Qué sucedió? ¿Está bien Anna?".

"Se cayó. Se cayó ahí dentro. *Está allí*".

Horror helado. Consecuencias. Todo se desmoronó sobre Abbie. Pero ahora ella sabía lo que tenía que hacer.

"Annabel, aguanta", gritó a la oscuridad. "Aguanta, Anna. Volveré enseguida. ¿Me oyes? Voy a llamar a mamá. Regreso enseguida, Anna, y no te dejaré".

Abbie cruzó agarrada del puente y volvió a descender por las ramas, pero esta vez no se apoyó en la última y cayó varios metros hasta el terreno desigual. El dolor lo sintió como un cuchillo por una grave torcedura de tobillo, pero Abbie ya estaba corriendo y gritando: "¡Mamá! ¡Mamá, ven enseguida!".

HABLABAN EN LA TELEVISIÓN en el dormitorio. Yo estaba de espaldas, pero estaba medio escuchando la conversación en un segundo plano mientras organizaba y doblaba la montaña de ropa limpia y la colocaba en montones sobre la cama. Tenía mi sistema establecido: pantalones vaqueros y camisas de Kevin, mis vaqueros y camisas, los vaqueros y camisetas de Abbie, los vaqueros y camisetas de Anna, los vaqueros y camisetas de Adelynn, calcetines de las niñas, calcetines de mamá, calcetines de papá, pijamas, ropa de cama, toallas de baño, paños de cocina. Me había estado moviendo como si fuera una máquina desde temprano en la mañana, y casi había terminado.

La cena era lo siguiente en la lista, de modo que probablemente tenía eso en mente. No lo recuerdo concretamente, pero era esa hora del día. Kevin llegaría a casa en unos noventa minutos. Las niñas llevaban fuera casi una hora, pero no había necesidad de llamarlas si se estaban divirtiendo. El sol se ponía, de modo que entrarían en poco tiempo.

No escuché gritar a Abbie cuando ella entró corriendo por la puerta y el sendero, pero para ser totalmente sincera, no me habría inmutado si la hubiera oído. Como madre de tres muchachas criadas en granja, una de las cuales estaba afligida por un problema de salud crónico y que pone en riesgo la vida, es tan solo prudente por mi parte racionar mi pánico. Cuando oigo gritar a alguien, podría significar cualquier cosa desde un dedo dislocado hasta "el perro se comió la corteza de mi pizza". He aprendido a evaluar la situación con calma antes de pasar a modo crisis.

"¡Mamá!", Abbie apareció rápidamente por la puerta. "Mamá, tienes que…tienes que venir conmigo, ahora mismo. Tienes que salir".

"Un momento", dije yo distraídamente. "Déjame terminar esto, y saldré enseguida".

"No, mamá, *ahora*. Anna está atascada en el árbol. Está en el árbol".

Algo en su voz me hizo levantar la vista. Abbie se

sujetaba el costado, respirando con dificultad por haber ido corriendo, y su cara manchada de tierra y sudor. Una ráfaga de inquietud recorrió mi pecho. Abbie estaba frenética, pero lo que estaba diciendo, *atascada en el árbol*, yo lo pensaba como *atascada en un árbol*, como uno supondría que un niño, un gatito o una cometa estaría *atascado en un árbol*.

"Abbie, cálmate", dije con firmeza. "Dime lo que pasa. ¿Está herida? ¿Está sangrando?".

"¡No! Quiero decir... yo... no lo sé. Está *atrapada*".

"Bueno, yo no puedo escalar hasta ahí. Ella tan solo necesita ayuda para poder bajar. ¿Puedes ayudarle a hacerlo?".

"¡Mamá, no lo entiendes!". Abbie me agarró del brazo. "Tienes que venir ahora mismo. *Vamos*".

"Muy bien, cálmate. Voy a ir. Deja que me ponga los zapatos".

"¡No! ¡Ahora! ¡Tienes que apresurarte!".

Con Abbie tirando de mi brazo, me las arreglé para meterme en mis zapatos de camino hacia la puerta. Yo seguía operando bajo la suposición de que Anna se había subido demasiado alto y no podía, o quizá no quería, bajarse. El sol se ocultaba entre la neblina de la pradera mientras recorríamos apresuradamente el patio hacia la arboleda de álamos donde Cypress ladraba y danzaba en nerviosos círculos. Yo recorrí con la vista las ramas altas, gritando: "¿Annabel? Annabel, ¿dónde estás? Abbie, no la veo. ¿Dónde está?".

En la base del inmenso álamo, Adelynn estaba a gatas. Había encontrado un pedazo de tubería de metal y excavaba desesperadamente en la tierra, agarrando la tierra suelta con sus pequeñas manos.

"¡Voy a sacarla cavando, mamá! ¡Voy a sacarla cavando!".

Habría tenido más sentido si ella me hubiera dicho que estaba cavando un agujero hasta China. Tragué saliva y mantuve mi voz todo lo calmada posible.

"Niñas... ¿dónde está Annabel?".

"*¡Ahí!*". Con pura frustración, ellas me gritaban a una voz, señalando con sucios dedos hacia el fondo del tronco. "¡Ella está *en... el... árbol*!".

Abbie seguía agarrándome fuerte del brazo. Me empujó hacia el lado más alejado del álamo y señaló al gran agujero que había arriba.

"*¡Allí!*". Ella estaba como loca ahora, rogándome. "Mamá, ¿lo ves? Se cayó por ahí y llegó hasta el fondo".

Era incomprensible. Yo no quería entenderlo. Ninguna parte de mí, ni mi cerebro, ni mi corazón, ni la mamá robot dobladora de ropa, ninguna parte de mí quería aceptar eso. Pero reconocía ese ruego en la voz de Abbie, esa frustración, ese sentimiento exasperante de querer golpear tu cabeza contra la pared o intentar hacer que alguien acepte que todas sus suposiciones son equivocadas, que lo menos confiable del mundo es todo lo que pensabas que sabías unos minutos antes.

Durante nuestro largo viaje para obtener un diagnóstico firme para Anna, los médicos me decían una y otra vez: "Cuando oímos el ruido de pisadas de pezuñas, pensamos en caballos y no en cebras". Lo cual es realmente una pegadiza excusa para el pensamiento perezoso y dentro del molde; tendemos a pensar en lo común y más probable que suceda, en lugar de lo extraño y chocante. Yo llegué a odiar ese viejo dicho con pasión, pero en ese momento en la arboleda de álamos, estaba pensando exactamente de la misma manera.

Quizá sea porque vemos esas opciones, de manera

consciente o subconsciente, y es la naturaleza humana escoger la que sea menos aterradora.

Opción A: Este árbol gigantesco, que yo suponía que era un objeto sólido y firme, es realmente una garganta gigantesca que acaba de tragarse a mi hija.

Opción B: Alguien me está gastando una horrible inocentada.

Mi cerebro simplemente se negaba a soltar la opción B.

Cuando Anna presentó por primera vez síntomas agudos de trastorno de pseudoobstrucción de movilidad, una terrible distensión de su estómago junto con un dolor intenso, hicimos numerosos viajes al pediatra y después a un especialista digestivo, y ellos siempre la enviaban a casa con el examen básico y medicinas que no requerían receta para tratar los síntomas como Motrin y MiraLAX. Problemas normales de estómago. Pero yo había comenzado a entender que aquello no era un problema normal de estómago, y no estaba dispuesta a aceptar esa etiqueta y verla sufrir. Seguí presionando para obtener un diagnóstico real, de modo que cuando no se presentó ningún diagnóstico obvio, el verdadero problema, ellos decidieron que era yo. Dadas las opciones entre (1) las mamás pueden ser un poco locas o (2) los médicos no lo saben todo, muchos médicos según mi experiencia eligen la opción 1.

Después de una ronda de exámenes particularmente extenuantes, un especialista en digestivo resumió felizmente los no resultados con la frase: "¡Buenas noticias, mamá! Todo está bien".

Anna, con seis años, estaba acurrucada en mi regazo, agotada y con dolor. Yo me quedé mirando la cara sonriente del médico y repetí: "Todo está... ¿*bien*?".

"Son buenas noticias, mamá". Su sonrisa se desvaneció

convirtiéndose en una firme reprimenda. "Eso es algo por lo que estar contentos".

"Mírela", dije yo. "No está bien. *Por favor.* Tiene que ayudarla".

"La he palpado y no he sentido señal alguna de obstrucción. Hemos hecho análisis de sangre, pruebas del tracto digestivo superior e inferior; mire, a veces las mamás se preocupan demasiado, se ponen nerviosas y...". Me estudió por un momento, y entonces dijo con cuidado: "A veces, una mamá puede tener un trastorno que se llama Munchausen...".

Por un instante pareció como si fuera a seguir y explicarme lo que eso significa, pero estoy bastante segura de que podía saber por la expresión en mi rostro que yo sabía muy bien que *Munchausen por sustitución* significaba que yo en cierto modo hacía enfermar a mi hija para satisfacer mi propia necesidad de atención. Él sabiamente se bajó de su caballo. En aquel momento me sentí frustrada, enfurecida, para ser sincera, porque él pudiera llegar a imaginar que yo pudiera dañar a mi hija de ese modo. Estuve tumbada en la cama aquella noche orando por una manera de perdonar, una manera de avanzar y continuar esa lucha por el bienestar de Anna. Ella estaba angustiada, débil y vomitaba. Hice varias llamadas a la consulta del médico, diciéndoles: "Ella está empeorando". Seguían diciéndome que los preparativos intestinales para esas pruebas siempre hacen sentir enfermos a los niños. *Ella está bien,* seguían diciéndome, *está bien, está bien, está bien. Esos preparativos intestinales, sí, seguramente eso puede hacer enfermar a un niños, pero ella está bien.*

Bien entrada aquella noche, Kevin y yo organizamos el cuidado de Adelynn y Abbie (nuestros grandes amigos

Nina y Paul Cash, que nos encontraron en el patio frontal como si fueran un equipo de luchadores), y llevamos enseguida a Annabel al hospital. Las teorías de triage se reducían a lo usual: "Pensamos en caballos, no en cebras".

Para no alargarme, perdí los nervios. Finalmente descubrí en mi interior ese rugido que Dios dio a la mamá oso. No sé todo lo que dije, pero lo dije claramente y a la cara, y establecí el punto de que el resultado de un análisis normal no es lo mismo que un niño sano, y un médico que no entiende algo no es lo mismo que decir que eso no existe.

"Bien", dijo el médico de urgencias. "Haremos algunas pruebas más. Si eso es lo necesario para hacer que esté usted contenta, *mamá*".

El modo despectivo en que me llaman "mamá" siempre me hace desear que su verdadera mamá pudiera entrar y darles una palmada en la nuca. No, yo no estaba contenta; pero sí, ese era un paso en la dirección correcta. Incluso si las pruebas mostraban algo malo, saber es mejor que no saber. Saber significa que se puede hacer algo al respecto.

Sostuve a Anna en mis brazos antes y después de los rayos X y del sonograma para confirmar los resultados, y después esperamos hasta que nos llamaron a Kevin y a mí a una pequeña sala donde te llevan cuando tienen que decirte lo que no quieres oír.

"Lo siento", nos dijo el médico de urgencias. "El intestino está obstruido al cien por ciento. El cirujano viene de camino. Deberían prepararse para estar aquí mucho tiempo".

Kevin y yo nos quedamos allí de pie con la posibilidad muy real de que Anna pudiera morir aquella noche.

Al estar en la arboleda cuatro años después, sentí el mismo tintineo en mis oídos a medida que mi mente captaba la realidad, la gravedad, de lo que estaba sucediendo.

El árbol se erigía muy alto delante de mí. Anna estaba en algún lugar en su interior, lo bastante cerca de mí para poder extender mi brazo y tocarla y a la vez profundamente inalcanzable.

Abbie se alejó de mí, y antes de que pudiera decirle que regresara, estaba trepando de nuevo por el árbol, ágil como una ardilla. Me atraganté con un profundo suspiro. De repente, esa rama pareció mucho más alta de lo que recordaba. Y la enorme gruta mucho más oscura.

Capítulo cuatro

Dichosos los que lavan sus ropas para tener derecho al árbol de la vida y para poder entrar por las puertas de la ciudad.

Apocalipsis 22:14, NVI

EN LO PROFUNDO DEL corazón del árbol, Anna estaba encogida, vagamente consciente de la sofocante calma y entonces...otra cosa. Alguien más. En otro lugar.

"Yo siempre creía que el cielo sería como estar sentada en las nubes", me dijo después, "pero es como...es como estar suspendido por encima del universo".

Ella era muy cautelosa y hablaba muy poco sobre la experiencia. Eso no era como uno de sus largos y locos relatos de un sueño divertido o una película que había visto. Ella comentaba solamente algunos detalles en escasas ocasiones, y cuando me habló sobre ello sentí que sopesaba las palabras de una manera muy propia de Annabel. Aquella era la niña que solía mirar al esquema de "Tu dolor en una escala de 1 a 10" y elegir el 6 estoicamente moderado, incluso cuando todos los indicadores clínicos nos decían que en realidad estaba experimentando algo más parecido al 9. Ella había pasado por bastante drama en su corta vida; no tenía ningún interés en el melodrama.

"Mamá, las puertas del cielo realmente están hechas de oro, y realmente son grandes y brillantes".

Cuando ella nos hacía una confidencia a mí, a Kevin y a Gran Jan en los días posteriores, y en los años desde entonces, escogía cuidadosamente lo que quería compartir y lo que quería guardarse para sí. Y yo respeto eso. Nunca le he presionado para que dé detalles. Tengo curiosidad, desde luego que quiero saber tanto como cualquiera, pero como dice la canción: "Tan solo puedo imaginarlo".

Me imagino la profunda oscuridad disolviéndose en luz alrededor de ella, el aire frío y húmedo llenándose de oxígeno puro, esa celda de tierra y madera podrida dando lugar a un cielo claro y azul, pura libertad. Cierro los ojos, y puedo verla levantándose del barro, entrando en la Ciudad de Dios.

"Siempre he pensado que Dios tiene un corazón grande porque Él tiene mucho amor, y lo tiene", me dijo. "Mamá, Él tiene un corazón grande que resplandece. El corazón de Dios estaba tan lleno de alegría que brillaba con…con *gloria dorada*. Y sus ojos eran como la estrella más grande y más hermosa del cielo".

LA PRIMERA DE LAS estrellas de la noche era visible en el cielo del noroeste mientras yo cruzaba corriendo el campo abierto, tropecé, recuperé el equilibrio, seguí corriendo, y crucé la puerta de rejilla hacia el sendero de gravilla. Me sentía calmada pero fuertemente enfocada en lo que tenía que suceder.

Encontrar mi teléfono celular.

Llamar a Kevin.

Llamar al número de emergencias: 911.

Sacar a Anna. Fijar mis ojos en ella. Rodearla con mis brazos.

Atravesé rápidamente la puerta de la cocina, corrí a mi cuarto, y descoloqué los montones de ropa limpia buscando mi celular. Mis manos temblaban mientras buscaba y marcaba el número de Kevin. En los segundos eternos hasta que él respondió, yo ya había vuelto a salir por la puerta, e iba corriendo por el sendero.

Llamé a la clínica veterinaria a las 5:25 de la tarde, intentando que mi voz no reflejara pánico cuando la recepcionista contestó.

"Soy Christy. Necesito que Kevin se ponga enseguida, por favor".

"Está aquí. Un momento".

Sabiendo lo que ahora sé, ese es otro momento que me hace sentir escalofríos por la espalda. Kevin debía de estar en cirugía, realizando una delicada operación a un perro grande, pero a medida que comenzó, se preocupó por el modo en que el perro estaba respondiendo a la anestesia, y no siguió. Era una cirugía ortopédica compleja, y no había nadie allí que pudiera haber intervenido, de modo que no hay modo alguno en que él pudiera haberse detenido una vez comenzada la operación. Pero tal como fueron las cosas, resultó que él estaba allí mismo en la recepción con su ropa quirúrgica, hablando con el dueño del perro cuando yo llamé.

"Hola, cariño". La voz de Kevin fue como agua fresca.

"Kevin, Anna tiene problemas".

Solté todo lo que yo sabía sobre la situación: que se había caído por un agujero en un árbol grande, que yo no podía llegar hasta ella; e incluso en el momento creo que los dos estábamos sorprendidos por lo calmada que yo parecía. Kevin supo inmediatamente cuál era el árbol del que yo hablaba.

"Sabía que Abbie había estado trepando a ese árbol, pero me sorprende que Anna...".

"Por favor, ven aquí tan rápidamente como puedas. Voy a llamar al 911".

"Espera, espera. Estaré allí en diez minutos", dijo él. "En menos tiempo del que les tomará a ellos llegar, tendré una escalera allí y la sacaré".

Me mordí el labio, queriendo creer que sería tan fácil. "Por favor, apresúrate".

Kevin me dijo más adelante que pensaba trepar por algunas ramas, calmar a Abbie, bajar unos cuatro o cinco pies (metro o metro y medio) y ayudar a Anna a bajar del árbol, sin nada de sangre, ni olor repugnante, tan solo otro infortunio de las hermanas Beam que se pasó de la raya.

Él podía tener razón, pensé. Estábamos suponiendo respuestas diferentes a las mismas preguntas: ¿Estaba herida? ¿Cuán profundo era el abismo? Abbie insistía en que Anna había recorrido todo el trecho hasta el suelo, pero eso no parecía posible. ¿Cómo podía un árbol tan grande y alto seguir en pie si el tronco no era otra cosa que un tubo hueco? Y si estaba hueco pero aún lo bastante firme para seguir en pie, ¿podría haber aire en el interior? Independientemente de lo profundo que fuera, el interior podrido de un árbol debe de estar lleno de todo tipo de insectos y Dios sabe qué...

"Kevin, por favor, por favor apresúrate".

Yo sabía que él estaba solamente a minutos de distancia, pero aquellos pocos minutos fueron una agonía. Adelynn alternaba entre agarrarse a mi pierna y sacar tierra con cualquier cosa que pudiera encontrar. Abbie estaba llorando, y se negaba a bajar de su alto posadero. Seguía gritando al agujero negro: "¡Anna! ¡Anna!", suplicando a Annabel que respondiera.

¿Por qué no respondía?

"¿Tienen algún problema?". Nuestro vecino se acercó entre los árboles, al ver a Abbie en las ramas iluminadas por el crepúsculo y a mí de un lado al otro abajo.

"¡Sí!". Corrí hacia él, agradecida de ver a otro adulto, aunque solo nos habíamos encontrado unas pocas veces de paso. Al vivir en el campo, hay mucho espacio entre las casas, pero cuando alguien necesita ayuda, esa brecha se cierra.

"¿Necesita una escalera?", preguntó.

"Ah sí, Jack, gracias. Por favor, apresúrese".

Él regresó en menos de un minuto, pero cuando apoyó la escalera en el árbol, faltaba mucho para llegar hasta la rama donde Abbie se había situado como un centinela.

"Mamá", me gritó Abbie. "Creo que ella…no creo que pueda respirar".

Volví a llamar a Kevin. "Kevin, estoy muy asustada. Abbie está en lo alto del árbol muy nerviosa, y dice que a Anna le cuesta respirar. No puedo quedarme aquí. Tengo que llamar al 911. Tengo que hacer algo".

"Estoy aquí. Estoy en la salida. Tan solo tranquilízate y déjame ver lo que está sucediendo".

Las luces del cacharro prestado rebotaban al cruzar el pasto, cerrando la distancia entre nosotros con un consolador ruido. Kevin se detuvo y se bajó de un salto, dejando las brillantes luces dirigidas hacia el árbol. De salida del hospital veterinario, había tenido la cordura de agarrar una cuerda grande que utilizan para retener a los caballos en las operaciones quirúrgicas, pero cuando evaluó la situación, la verdadera altura del árbol, lo inadecuado de la alta escalera apoyada en él, sintió una ráfaga de adrenalina nerviosa. Aquello podría no ser tan sencillo como él creía.

Corriendo los cuarenta metros entre los árboles por el campo hasta su taller, iba orando, con la voluntad de mantenerse calmado por sus hijas. Momentos después, regresó hasta nosotras jadeando con fuerza, con una escalera que se ampliaba hasta 27 pies (7 metros) sobre sus hombros.

"Abbie", gritó, "vamos, baja aquí ahora. No estás segura ahí".

"¡No me importa!".

"Abigail. Baja aquí. Ahora".

"Papá", dijo ella desconsolada, "estoy asustada. Y me duele el tobillo. Y no puedo dejar a Anna, papá. Prometí que no la dejaría sola".

"Bien". Se limpió la cara con una mano, sudando a pesar del frescor del atardecer. "Aguanta. Voy a subir ahí".

Situamos la escalera, extendiéndola todo lo que llegaba, y Jack y yo la sujetamos con fuerza mientras Kevin subía. Le oí hablar a Abbie con su voz grave y calmada de papá, y tras un momento, ella le permitió que la bajara. Ya estaba oscuro, y las piernas desnudas de Abbie temblaban visiblemente. Cuando sus pies llegaron finalmente al suelo, yo pude suspirar.

"Kevin, ¿has visto a Anna? ¿Respira? ¿Pudiste oírla?".

Él negó con la cabeza seriamente, y se dirigió a grandes zancadas hacia la camioneta veterinaria. Yo tuve que correr para mantenerme a su altura.

"Kevin, debería llamar al 911. ¿Debería llamar?".

"La sacaré", dijo él. "Mantengamos la calma".

Enganchó una linterna de largo alcance a su bolsillo, se puso al hombro la cuerda, y se dirigió de nuevo al árbol. Con la escalera totalmente extendida, Kevin pudo subir y mirar por el borde del agujero si mantenía el equilibrio de puntillas sobre el último peldaño, una escena en sí misma que hacía que mi corazón se detuviera.

Oh Dios, por favor. Ten tu mano sobre él. Mantenlo firme...

Recorriendo con su mano los bordes dentados de madera podrida, Kevin seguía esperando encontrar a Anna relativamente cerca del agujero. Pensaba que cuando él estuviera a nivel de la vista, podría verla, y ella sería capaz de agarrar la cuerda.

"¿Anna? Anna, papá está aquí. Todo está bien".

Él miró hacia el hueco del árbol por encima del agujero, lo cual le dio una sensación de cómo era el interior del árbol, pero para mirar más abajo, tenía que subir más alto. Kevin comprobó con su brazo la rama donde Abbie había estado de pie. Cuando puso su peso sobre ella, la rama se quejó suavemente, y yo me tapé la cara con las manos.

"¡Oh Dios! ¡Por favor, ten cuidado, Kevin!".

"Tranquila", me dijo, inclinándose hacia la cavidad. "Todo está bajo...control...".

Escuché que se le iba la confianza en sí mismo.

Cuando Kevin enfocó la linterna hacia el abismo, vio lo que Abbie había visto. Él se había criado en la naturaleza, había trepado árboles, pero nunca había visto nada como aquello. Era como mirar fijamente a un pozo seco. El estómago le dio un vuelco cuando su cerebro procesó la situación verdaderamente grave en que se encontraba Anna. Se inclinó más, pero el corredor se alejaba en ángulo de la luz. Parecía que no tenía fin.

"¿Anna? ¿Puedes oírme?".

Hizo una pausa, esforzándose por oír algo. Cualquier

cosa. El único sonido era el de la ligera brisa en las hojas por encima.

"Muy bien, Anna". Kevin seguía hablando con esa voz fuerte y suave. "Bien, tenemos esto. Papá está aquí. Todo va a salir bien, cariño".

No sé si él intentaba convencerla a ella o a sí mismo, o a Abbie, Adelynn y yo mientras estábamos juntas y temblando en el suelo.

Abandonando la escalera por completo, Kevin se elevó hasta la rama ancha y apoyó la mayor parte de su torso en el agujero. Intentando que no se desprendieran pedazos del quebradizo borde, se estiró tentativamente en el agujero, como si se estuviera metiendo en la boca de un monstruo. Se movió en ángulo y enfocó la luz hasta que pudo ver un destello de color rosa.

"Jesús…". Kevin dio un suspiro entrecortado. "Jesús, ayúdame".

Anna estaba acurrucada e inmóvil en la tierra, en posición fetal, sepultada en el fondo del estrecho corredor de madera. Parecía sin vida e imposiblemente alejada, y muy, muy pequeña.

Kevin lanzó esa gran cuerda que él pensaba que seguramente era adecuada para cualquier cosa que pudiera estar sucediendo aquí. Yo la observé bajar en espiral hasta la maleza, tan inútil como una manguera de jardín en un incendio forestal.

"¿Kevin? ¿Qué está sucediendo?".

"Christy. Llama al 911".

Su voz era calmada, pero conozco a ese hombre. No podía ver su cara, pero podía sentir su profundo temor.

"Nueve, uno, uno, ¿cuál es su emergencia?".

La respuesta salió a borbotones. Calmadamente.

Firmemente. Mamá de sala de emergencias. Nada de pánico, pero sin desperdiciar palabras.

"Manténgase en línea conmigo, ¿de acuerdo, señora? Estoy enviando a bomberos voluntarios ahora. Quiero que se mantenga en línea conmigo hasta que lleguen los primeros".

"Muy bien". Asentí con la cabeza ante nadie. "Sí, muy bien".

Me quedé allí, enraizada en ese lugar, con mi celular congelado en el costado de mi cara. En un segundo plano oía las radios y teléfonos difundiendo la alarma. La operadora regresó, haciendo preguntas por los paramédicos, y yo recité la edad de Anna, su altura, peso, grupo sanguíneo.

"¿Tiene su hija algún problema médico en la actualidad?".

Yo hice un suave sonido ahogado que no era ni una risa ni tampoco un lloro. O quizá era un poco de ambas cosas.

"Sí. Sí que tiene".

UNO YA SABE CÓMO explicar las cosas después de hacerlo un tiempo, pero ese primer año fue como intentar desgranar la serpenteante trama de una comedia de situación. Primero llegaron meses de angustia sin ningún diagnóstico o tratamiento certero. Luego llegó un año con el especialista en digestivo que vio a Anna más veces de las que puedo contar. Él mantenía tercamente la teoría de que "esta mamá tiende a reaccionar en exceso" hasta que se produjo la obstrucción abdominal. Incluso entonces, el cirujano pediatra que conocimos en la sala de urgencias tuvo prácticamente que retorcerle el brazo.

"Pero usted la vio ayer, la examinó y la envió a casa. Ahora la tengo yo, y tiene una obstrucción al cien por ciento. Lo estoy viendo en los rayos X, confirmado en el sonograma. Está confirmado. Ella está en graves problemas".

Kevin y yo estábamos sentados en pálido silencio, escuchando al médico de emergencias al teléfono en el pasillo.

"Mira, lo que la niña siempre hace o lo que la mamá siempre dice, eso es irrelevante. Esto es ahora, y ella necesita esta cirugía ahora mismo o no saldrá de esto. Por favor. Ayúdanos a ayudarla".

Su voz se convirtió en un murmullo agitado. Parecía como si se estuvieran intercambiando palabras tensas.

"¿Qué significa todo esto?", susurré a Kevin.

"Ella tiene un bloqueo de algún tipo en sus intestinos", dijo él. "Tienen que intervenir y quitarlo quirúrgicamente".

Yo aún no entendía realmente lo que eso significaba, lo gravemente amenazada que estaba su vida, pero sabía que era una cirugía importante. La cara de Kevin se había convertido en una seria máscara. Yo sabía que él necesitaba un momento para pensar. *Anna* necesitaba que él pensara. Estaba generalmente aceptado que yo era la Jefa de Mantenimiento de niñas en nuestra familia, pero Kevin hablaba el idioma de los diagnósticos y la biología. Yo dependía de que él me tradujera algunas veces; pero hablar el idioma de los escalpelos y cirugías podía ser una bendición y una maldición. La ignorancia puede ser una dicha, la verdad puede ser brutal, y la impotencia es sencillamente ajeno a la naturaleza de Kevin. Él estaba allí pensando, con los codos sobre sus rodillas y los dedos extendidos delante de su cara, hasta que el cirujano pediatra entró de nuevo en la sala.

Nos presentaron la disyuntiva entre esperar a que llegara el especialista que conocía el historial de Anna, o poner nuestra confianza en ese médico de urgencias al que conocíamos desde hacía cuarenta y cinco minutos.

Sin vacilación, Kevin dijo: "Haga la cirugía".

Eso me aterró, pero a la izquierda de ese terror había una extraña sensación de alivio. Ahora sabíamos a lo que nos enfrentábamos. Habíamos puesto nombre al dragón, y sabíamos cómo matarlo. Podríamos hacer las tareas, tomar las decisiones, y verla atravesar todo aquello. Cuando le hicieran esa cirugía, ella estaría bien. Kevin dice incluso: "Yo soy cirujano de corazón. Una oportunidad de cortar es una oportunidad de curar". Esa solución definitiva, en blanco y negro, fue muy atractiva para nosotros en aquel momento. En los años que siguieron, habríamos renunciado a todo por tener esas opciones tan claras.

Yo acariciaba la frente de Anna mientras el caos controlado, el ballet muy bien coreografiado de un equipo quirúrgico, se puso en movimiento a nuestro alrededor.

"Necesitamos intubarla y succionar el estómago antes de la anestesia". Alguien con ropa de quirófano estaba entre la cama de Anna y yo. "Papá, ¿puede ayudarnos a sostenerla?".

Kevin asintió y se situó agarrando con firmeza a Anna, que de repente estaba hiperconsciente y aterrada. Moviéndose y quejándose como un animal herido, ella luchaba con su última gota de libre albedrío mientras aquel hombre grande y desconocido al que nunca antes había visto forzaba metódicamente un grueso tubo de plástico por su nariz y su garganta.

"Traga, Anna, *traga*. Necesitamos que tragues ahora", seguía gritando como un sargento de instrucción. Mientras tanto, Anna tenía arcadas, se movía y vomitaba, luchando contra Kevin, quien la sostenía agarrándola implacable y con tristeza en su cara.

Yo paseaba entre la cama y la puerta, tan solo intentando controlarme, clavándome las uñas en mis brazos y mordiéndome el labio para evitar gritar: *¡Basta! ¡Basta! ¡Suéltenla! ¡Le están haciendo daño!* Ellos la estaban ayudando, me decía a mí misma. ¿No era eso por lo que habíamos estado orando? ¿Una respuesta? ¿Una resolución? *Pero ¿por qué?* Le supliqué a Dios que me diera entendimiento. *¿Por qué tiene que llegar con un costo tan terrible?*

"Anna, todo va a salir bien. Te tengo, Anna. Papá está aquí".

La voz de Kevin llenaba la habitación, grave, dulce y sonora, llena de amor y una veta concreta de angustia. Rodaban lentas lágrimas por su cara y caían una a una junto a las lágrimas que salían de los rabillos de los ojos de Anna.

La personalidad bondadosa y amable de Annabel definitivamente proviene de su papá. "Él es el hermano mediano, como yo", le gusta señalar a ella. Él es un James Herriot actual que cuida de todas las criaturas de Dios, grandes y pequeñas. Era toda una ironía en su vida, tener una carrera como sanador y aun así ser totalmente incapaz de solucionar el problema de aquella diminuta criatura que era y es lo más querido para él.

Dios hizo al hombre a su imagen, se nos dice en Génesis. Ha habido muchos momentos en mi vida en que vi ese fugaz reflejo. En ese momento en particular, vi a un padre, destrozado por lo que tiene que sucederle a su preciosa hija, oyendo sus ruegos, no ignorándolos, nunca, nunca dando la espalda, sino sabiendo que ese momento de angustia era parte de un plan mayor.

De todos los nombres que tenemos para Dios, quizá el más apropiado para esos momentos es la palabra aramea *Abba*, que se traduce con más fidelidad como "Papá". *Abba* es el Dios al que clamamos cuando nos sentimos más pequeños, más vulnerables. *Abba* es el Dios cuyo corazón rompemos, el Dios que llora por nosotros y dice: "Papá está aquí".

"Está bien, cariño. Anna, papá está aquí a tu lado. Todo va a salir bien".

Ya estaba oscuro en la arboleda. Las luces de la camioneta proyectaban un acuoso brillo amarillento que iluminaba el terreno alrededor de nosotros. Kevin sostenía la linterna en el interior de la gruta rota en lo alto, convirtiendo el árbol en una tenue vela en el bosque oscuro. Era luz suficiente para mostrarme su cara cuando se inclinaba, hablando y hablando a Anna en aquella dulce y sonora manera *Abba*.

Durante los últimos cuatro años, ellos habían desarrollado un vínculo único, de papá a hija, durante algunos momentos intensamente difíciles. Pasaron muchas noches oscuras, no siempre hablando pero siempre comunicándose, sabiendo lo que había que hacer, ya fuera la rápida reparación de una vía o un ajuste en el tubo nasogástrico, sabiendo que a veces duele. Cualquiera que haya tenido que cuidar a un niño enfermo crónico sabe de lo que hablo. Anna lo entendía. Kevin llegó a estar agradecido por el espíritu valiente e inconmovible de ella, pero aquello dejó una cicatriz en su alma.

"Anna, mírame. ¿Puedes mirar a papá? Vamos. Muéstrame que puedes oírme, Anna. ¿Puedes mover tu brazo? Muéstrame que puedes mover tu brazo, cariño".

Mientras esperábamos en la angustiosa media hora para que los equipos de respuesta llegaran hasta nosotros en el laberinto de oscuros caminos rurales, Kevin se forzaba a sí mismo a ser médico. A evaluar el estado de Anna. A determinar si estaba...

No. Ninguno de nosotros estaba dispuesto a permitir esa posibilidad.

Muy abajo, en el rayo de luz, él podía ver a Anna tumbada

allí. Ella se veía tranquila. No había ninguna mala posición obvia de sus brazos y piernas, ninguna pérdida de sangre significativa que él pudiera ver. Todo en su interior le decía que ella estaba viva, pero su mente médica hacía los cálculos, teniendo en cuenta lo lejos que se había caído, calculando las probabilidades de que alguien saliera de eso sin traumas cerebrales, hemorragia interna, algún tipo de daño devastador en la espalda. Él no estaba preparado para procesar el impacto psicológico menos inmediato de estar efectivamente enterrado vivo.

"¡Annabel!". Él gritó su nombre, y ahora hubo en su grito una indicación de sargento de instrucción, un tono de autoridad que nuestras hijas sabían que es mejor no ignorar. "Anna, haz lo que te diga. Mueve tu brazo, Anna. Mueve tu brazo. Muéstrame que puedes oírme. Ahora, Anna, *muéstramelo"*.

Ella no miró hacia arriba, no se encogió ni cambió de postura, pero su brazo se movió. Levantó una mano del suelo y la bajó. Kevin gritó en voz alta, alabando a Dios por ese pequeño milagro.

"¡Christy! Está viva. Movió su brazo".

"Oh Dios", suspiré yo. "Gracias, Dios".

Kevin se quedó allí, observando desde su posadero en lo alto de la gruta, mirando la oscuridad en busca de las distantes luces de la ambulancia y los bomberos. Ella no lo llamó, pero él sabía que estaba viva. Aquello era lo único que necesitaba. Sintió la serenidad de Anna, del modo en que lo hizo durante toda esa *unión* sin palabras que habían compartido en tantas horas oscuras. Él permitió que el tranquilo espíritu de ella calmara su agitado corazón.

Sonaron sirenas, acercándose, y pronto pesados neumáticos lanzaban gravilla al girar por el sendero.

"Anna, tengo que bajar ahora", Kevin le dijo tranquilamente, "pero estaré aquí. Mamá y yo estamos aquí, cariño, muy cerca, y estamos orando por ti, y te estamos esperando. Pronto estará todo bien".

Annabel seguía quieta, sin moverse y sin responder.

Capítulo cinco

¡Fíjense qué gran amor nos ha dado el Padre, que
se nos llame hijos de Dios! ¡Y lo somos!

1 Juan 3:1, NVI

ME ENCANTA LA HISTORIA del día en que Jesús, que podía haber estado haciendo otras cosas que otras personas consideraban mayores y más importantes, decidió pasar su tiempo con un grupo de niños. Algunos hombres comenzaron a enojarse por eso, y Jesús dijo: *Dejen que los niños vengan a mí. ¡No los detengan! Pues el reino de Dios pertenece a los que son como estos niños. Les digo la verdad, el que no reciba el reino de Dios como un niño nunca entrará en él* (Lucas 18:16–17).

La Biblia dice muy poco sobre personas que entren o incluso vean el cielo y vivan para contarlo: Ezequiel e Isaías tuvieron visiones proféticas y fueron abrumados por la gloria de Dios. Juan dice que él vio la Santa Ciudad en Apocalipsis. Pablo habla sobre un amigo que fue "arrebatado al paraíso y oyó palabras que no pueden expresarse". Esteban dijo que vio el cielo, y poco después fue arrastrado y apedreado hasta morir. Claramente, es un tema sensible, quizá porque a las personas en nuestro mundo cínico les cuesta mucho recibirlo como los niños.

"El modo en que vi el cielo fue...". Anna pensó mucho, buscando las palabras cuando me lo dijo meses después. "Es difícil describirlo. Pero Jesús realmente tiene una barba marrón y una túnica blanca antigua que...creo que está un poco rota en los bordes, pero no puedo recordarlo exactamente porque todo eso fue hace mucho tiempo durante las vacaciones de Navidad".

Todos recordamos cómo es eso. Mil años son como un día cuando no hay escuela.

Otra cosa que Annabel me dijo una vez: "Quiero tocar el corno francés. ¡porque suena igual a papas a la francesa (patatas fritas)!". Ella ve el mundo como solamente un niño puede verlo, y vio el cielo de la misma manera. Ella lo recibió exactamente del modo en que Jesús esperaba que todos lo hiciéramos: por fe. Yo no la presiono para que hable de ello, pero me encuentro pensando en la expresión de lo inexpresable, el gesto de amor en la cara de Jesús cuando la rodeó con sus brazos y la acercó a su regazo.

Desde que eran bebés, mis hijas han visto incontables imágenes de Jesús: pinturas simbólicas, como la que ilustra esa historia de Lucas, y otras imágenes más modernas que probablemente son un reflejo más preciso de su tono de piel. En la escuela dominical y en la iglesia les han contado las historias. Han visto las películas clásicas y han visto documentales en canales de cable amigables con la familia.

Pero me gustaría pensar que cuando Annabel vio a Jesús de pie allí, lo conoció con el corazón. Porque Él ya conocía muy bien el corazón de ella.

Siendo Anna como es, rápidamente fue al grano y preguntó a Jesús:

"¿Puedo ver las criaturas?".

"*¿Criaturas? ¿Qué criaturas?*".

"Ya sabes", dijo Anna, "las que tienen cuerpo de león y cabeza de águila".

"*No*". (Me pregunto si sonrió al decirlo). "*No, no puedes ver las criaturas*".

"Mamá, ¡me dijo no!". Ella subrayó ese punto cuando me estaba contando esa parte, sorprendida con desagrado porque, en su mente, el cielo es donde todo es sí, y ahora su primera petición, una relativamente simple para su modo de pensar, había sido rechazada sin mucho proceso.

"*Tienes que regresar, Anna. No es tu tiempo*".

"Pero no quiero", dijo Anna. "No quiero regresar".

"*Sé que no quieres ir. Pero tengo planes para que completes en la tierra que no puedes completar si estás en el cielo…*".

Él sabía por qué ella quería quedarse. Tuvo que haberlo sabido. Kevin y yo nunca dudamos de que Él nos oyó en todas aquellas noches que pasamos clamando a Él cuando Anna estaba en agonía. Comenzábamos con peticiones formales por sanidad; finalmente estábamos quebrantados y suplicábamos incluso una hora de alivio. Tan solo no podíamos entender por qué, por qué Él nos seguía diciendo no.

Que Él le dijera no a Anna en ese momento, cara a cara, después de todo lo que ella había visto y oído en ese lugar, que esperara que ella dejara ese lugar de gloria dorada a cambio de un lugar de dolor y angustia, debió de haber sido incomprensible para ella. Sin duda era incomprensible para nosotros cuando la veíamos sufrir. *No* parece ser lo único que no tenemos problema en recibir como niños.

"Escucho sirenas", le dije a la operadora de emergencias. "Creo que están aquí".

"Muy bien. Manténgase en la línea conmigo, señora. No cuelgue hasta que los primeros lleguen hasta allí".

La primera unidad del departamento de bomberos voluntarios Briaroaks llegó un poco después de las 6:30 de la tarde. Al ver la camioneta de Kevin en el lado más alejado del campo, se abrieron camino hasta la arboleda de álamos, sorteando los baches y los hoyos tan bien como pudieron sin aminorar la marcha. Bryan Jamison, el fornido jefe de los Briaroaks, iba detrás de ellos.

Yo corrí hasta la unidad y pregunté: "¿Son ustedes los primeros en responder?".

"Sí, señora", dijo uno de los hombres jóvenes. "Recibimos una llamada diciendo que alguien se había caído".

"¡Sí! Por favor, apresúrense. Ella está allí". Antes de apagar el celular, le dije a la operadora: "Sí, son ellos. Están aquí. Ya están aquí".

"Muy bien. Todo va a salir bien. Mantenga la calma y", se aclaró la garganta, "Dios la bendiga, señora".

Yo llevé esa pequeña oración conmigo mientras caminaba pesadamente entre los árboles, seguida de los dos jóvenes que se veían cómodamente capaces: jóvenes, fuertes y preparados, el tipo de tejanos alimentados con maíz que podían escalar ese árbol o derribarlo si era necesario. Dirigían linternas hacia el suelo, y se veían cada vez más confusos cuando Kevin se apresuró a bajar por la escalera para saludarlos.

"Recibimos una llamada", dijeron de nuevo, pero esta vez sonaba como una pregunta. "¿Algo sobre una niña pequeña en un árbol?".

Les tomó algunos minutos evaluar la situación, tal como había sucedido con Kevin y conmigo. Yo había intentado que la operador entendiera, y ella sí les comunicó que era algo más que una llamada médica, pero este era el momento definitivo de "pensar en cebras"; la realidad de la situación quedó un poco perdida en la traducción. Por lo general, una llamada que dice que alguien se ha caído lleva a los técnicos de emergencias a un escenario donde una persona anciana se ha fracturado la cadera o se ha roto la muñeca. Incluso escuchar "una niña pequeña se ha caído de un árbol" trae a la mente algo completamente distinto. Lo último que suponían era que el árbol se había abierto y se había tragado a la pequeña niña como un bagre se traga a un pececito.

Mientras los técnicos de emergencias absorbían aquello, el camión de bomberos Briaroaks rugió cruzando el pasto. El equipo, dirigido por el teniente Mike Hill, se lanzó al mismo tipo de caos controlado que había rodeado al equipo quirúrgico: un ballet muy bien entrenado. Apenas había unos rayos de luz en el horizonte, de modo que su primera prioridad fue iluminar la zona. Se acercaron todo lo posible a los árboles y dejaron encendidas todas las luces del vehículo, pero aun así había muchas sombras en la arboleda. Quitando grandes luces portátiles del motor, llevaron gruesos cables eléctricos desde el camión. El inmenso álamo se erigía ante la luz, y su madera pálida se mostraba entre la robusta corteza.

Pegada al punto donde pasaría la mayor parte de las dos horas siguientes, los observaba situar su escalera al lado de la de Kevin. Se gritaban unos a otros desde arriba y abajo, tomando medidas, evaluando el estado de Anna, hasta el extremo que podían, sopesando todos los riesgos y probabilidades. Mientras esperaba, muchas preguntas se agolpaban en mi mente. La mayoría de ellas fueron hechas y respondidas en los diez primeros minutos en que ellos llegaron a la escena. Todos estábamos preocupados por las mismas y oscuras posibilidades.

¿Tenía ella oxígeno suficiente? El hecho de que hubiera respondido a Kevin nos dijo que tenía suficiente para mantenerse viva, al menos por el momento.

¿Cuán graves eran sus heridas? El silencio de Anna nos asustaba más de lo que nos habría asustado el sonido de sus gritos. Kevin no había observado ninguna pérdida importante de sangre o huesos obviamente mal situados, pero desde esa distancia con prácticamente ninguna luz sobre ella, era difícil de decir. El interior del árbol no era recto y plano; estaba sesgado y era irregular, con nudos y salientes que lanzaban profundas sombras, incluso si uno se las arreglaba para inclinarse mucho, maniobrando y dirigiendo la linterna.

¿Y qué de los daños en la cabeza y la espina dorsal? De nuevo, no había modo de saberlo ni manera de observar un protocolo adecuado para daños de espalda mientras la sacaban. La dura realidad era que se había caído con la cabeza por delante, recorriendo una distancia de treinta pies (9 metros) hasta el suelo; la posibilidad de que no tuviera lesiones graves era muy escasa. A la luz de eso, Mike Hill, el ingeniero del equipo de rescate, hizo la llamada: Care-Flite estaría a la espera con una ambulancia en el terreno y un helicóptero en el campo preparados para llevar a Anna al hospital en Fort Worth.

Desde luego, estaba la gran pregunta: ¿Cómo la sacamos?

El equipo Briaroaks tenía dos escaleras, las cuales eran ambas lo bastante altas para llegar al tercer piso de un edificio. Cuando estuvieron totalmente extendidas, el último peldaño de una de las escaleras descansaba en el costado de la rama que hacía puente, y el último peldaño de la otra descansaba en la inestable parte inferior de la gruta abierta. Al estar de pie debajo de ellas, podía ver los pedazos de corteza y de moho que caían mientras Mike subía por la escalera y se apoyaba en el agujero.

"¿Anna? Annabel", gritó él. "Soy un bombero. Me llamo Mike. Vengo para sacarte. ¿Puedes oírme? Anna, ¿puedes responderme?".

Moviendo la linterna entre las sombras retorcidas, Mike finalmente captó un fugaz destello de color rosa. Se metió un poco más en el árbol y enfocó la luz de su linterna sobre Anna, que estaba sentada con la espalda hacia la pared interior del árbol, con los brazos rodeando sus piernas y su frente descansando sobre sus rodillas.

"¡La veo! La tengo", gritó por encima de su hombro. "Está sentada. Parece estar consciente. ¿Anna? ¡Annabel! ¿Puedes mirar aquí arriba? Hola, Anna, mira aquí arriba y mueve tu mano".

Aunque gritaba el nombre de Anna una y otra vez, no obtenía ninguna respuesta.

"Annabel, me llamo Mike. ¿Me oyes? Estoy aquí, y tu mamá y tu papá están aquí, y todos estamos trabajando para sacarte de ahí, ¿de acuerdo? No voy a dejarte, Anna. Vamos a sacarte, y todo irá bien. Tan solo quédate sentada y no te asustes, ¿vale? ¿Anna? Annabel, mira aquí arriba y…bien, ¡miró arriba! Me miró durante un segundo".

Más adelante, Mike nos dijo que ella había girado su cara, con una mirada sin expresión, hacia él por un momento o dos antes de volver a bajarla y apoyarla sobre sus brazos, y que se quedó en esa posición sin moverse durante la mayor parte de las dos horas siguientes. Él también se quedó donde estaba, aunque sus piernas le ardían por la fatiga y le dolía la espalda. Desde una distancia de

30 pies (9m) con las retorcidas sombras dentro del árbol, la linterna no podía haberle dado mucho alivio de la negra oscuridad, pero él no estaba dispuesto a dejarla sin esa luz.

Hubo una breve idea de que podrían bajar a alguien para sacarla, pero la persona más menuda del grupo era un hombre llamado Tristan Nugent, un musculoso que pesaba 170 libras (77 kilos). No había modo alguno de que él entrara por allí, incluso sin su equipamiento. La idea fue descartada enseguida, junto con cualquier pensamiento de hacer cortes en el árbol con taladradoras o motosierras. Dada nuestra visión limitada de cómo era realmente el árbol en su interior, el riesgo de que se derrumbara totalmente o parcialmente sobre ella era demasiado grande.

Ellos hablaron de varias maneras de poder bajar algo hasta ella para que se atara. Alguien sugirió una cuerda con algún tipo de nudo corredizo o lazo en el extremo, pero a Kevin no le gustaba cómo sonaba eso.

"Ella no puede atarse por la cintura con el dolor y la hinchazón en su estómago", dijo él. "Si está demasiado débil para agarrarse o si se desmaya, podría enrollársele en el cuello".

"¿Cree que ella podría sujetarse a un arnés de algún tipo?", preguntó Bryan, y Kevin asintió con la cabeza.

"Creo que sí. Si es físicamente posible, ella podrá hacerlo".

"¡Helicóptero!", señaló Adelynn al escuchar el sonido de hélices rasgueantes por encima de nuestras cabezas.

Un foco barrió el pasto buscando un lugar plano donde aterrizar. El helicóptero de dos motores de CareFlite voló en círculos y bajó en picado como una gaviota, se quedó brevemente por encima de una parte baldía, y aterrizó a medio camino entre el sendero de gravilla y la arboleda de álamos. Hojas secas y tierra se levantaron por el movimiento de las hélices. Se movían más lentamente, pero siguieron funcionando para estar preparadas para el despegue. Ese sonido continuo era como un latido mientras el equipo se movía por la arboleda, asegurando las escaleras, pasando cuerdas y radios, hablando con teléfonos celulares.

Además de los dos primeros que respondieron al rescate, Bryan, el jefe de los Briaroaks, además del equipo de tres en el camión de Briaroaks, había dos paramédicos en la ambulancia de CareFlite y un equipo de tres (el piloto, una enfermera y otro paramédico) a bordo del helicóptero de CareFlight. En algún momento, alguien metió en la casa a los otros perros, pero Cypress no se movió. Iba de un lado a otro del camino pero no se alejaba, se sentaba sobre sus temblorosas patas, volvía a caminar, y sus ojos estaban fijos en el árbol.

Kevin y el equipo de bomberos comenzaron a preparar el arnés con una gruesa cuerda azul y un sistema de cordaje que podían utilizar para levantar a Anna. Había preocupación de que demasiado movimiento al subir y bajar por las escaleras pudiera poner presión indebida en la rama y contribuir a que la parte baja de la apertura se rompiera, de modo que Tristan y Mike, del equipo Briaroaks, escalaron y no volvieron a bajar.

"Anna, ¿puedes oírme? Anna, ¿puedes mirar aquí arriba?", Mike seguía gritando, y de vez en cuando decía: "Bien, está respondiendo. Vi una respuesta ahí abajo".

Eran ya más de las 7:00 de la noche. Ella había estado dentro del árbol unas dos horas.

Al ver el color azul royal de la ropa de quirófano de Kevin bajo las luces, me di cuenta de que en algún momento él me había puesto sobre los hombros su abrigo. Un fuerte y profundo escalofrío recorrió mi cuerpo, y cerré los ojos por un momento. *No lo hagas, Señor. No respondas su oración. No te la lleves así.*

"¿Señora Beam?".

Sentí un toque sobre mi codo. Era uno de los paramédicos de la unidad terrestre de CareFlite.

"Lo siento, señora, necesito que venga usted a la ambulancia conmigo", me dijo. "Su hija la necesita".

"Mi hija…".

"Su hija mayor, señora. Parece que está sufriendo un ataque de pánico".

Mis pies aún los sentía pegados al lugar donde habían estado desde que llegó el equipo de rescate. Era lo único que podía hacer para apartar mis ojos de aquel agujero en el árbol, pero me obligué a mí misma a seguirle. La parte trasera de la ambulancia estaba totalmente abierta, y podía ver a Abbie dentro, tumbada en una camilla. Bajo las luces fluorescentes, ella se veía pálida y pequeña. A medida que me aproximaba, podía oírla llorar de manera histérica con la máscara de oxígeno que cubría su cara.

"Le hemos puesto oxígeno", dijo el paramédico, "pero parece que no podemos hacer que se calme. La necesitamos a usted para que nos sustituya en su cuidado, o para que nos deje llevarla al hospital".

"Oh Abbie, cariño…". Me subí a la ambulancia, preguntando por encima del hombro: "¿Podría por favor hablar con ella en privado un momento?".

Él asintió con la cabeza y se hizo a un lado para cerrar la puerta. Yo me agaché al lado de la camilla para poder abrazarla. Abbie estaba helada, temblando por los sollozos que tiraban del aire que entraba y salía de su pecho.

"Por favor, Abbie…Abigail, *shhhhh*….Por favor, tienes que relajarte. Tan solo tranquilízate, respira, respira. Abigail, respira conmigo. Inhala…exhala…buena chica. Sigue respirando conmigo. Inspira por la nariz...exhala por la boca...".

Le acaricié la espalda y le masajeé los brazos, canturreando y acallando. Probablemente duró unos tres minutos, pero estaba deseando regresar con Annabel, y me di cuenta con vergüenza y tristeza que esos escasos tres minutos de consuelo fue una mayor indulgencia de la que Abbie había requerido de mí en los últimos cuatro años juntos. Ella tenía once años, pero pensaba y actuaba con la madurez y seriedad de una pequeña adulta.

"Abbie tiene un alma madura", decimos siempre cuando hablamos de sus firmes instintos, su generosidad natural, su inteligencia innata.

También estaba ese papel en el que ella estaba: la hermana mayor. Abbie estaba a la altura en cada ocasión, cada vez que una responsabilidad adicional era lanzada prematuramente sobre ella porque teníamos que salir apresuradamente a urgencias o a una cita con el médico en Boston. Nunca quisimos que ella y Adelynn se sintieran como las "otras" hermanas, y hacíamos todo lo posible por dedicarles tiempo y atención siempre que podíamos, intentando hacer lo máximo para equilibrar el modo en que nuestras vidas habían llegado a girar en torno a los problemas de salud de Anna. Pero ¿desde cuándo era "siempre que podíamos" lo suficiente para cualquier niño?

En los días siguientes a esa cirugía inicial en los intestinos de Anna, yo estaba cansada pero a la vez esperanzada. Kevin no lleva sus sentimientos a flor de piel, pero tiene un modo muy balanceado de procesar todo como es necesario; él contempla todas las posibilidades, ora en privado, llora, jura...siempre que necesita hacerlo. Yo tiendo a guardarlo todo en un almacén espiritual, prometiéndome a mí misma que lo trataré más adelante. Esa cirugía lo arreglaría todo, me decía a mí misma. Acabábamos de pasar esas semanas de recuperación, y por eso, llamé a mi "mamá robot" interior.

El cirujano nos dijo que en cierto momento, el apéndice de Anna se había "enfermado", y yo pensé en las varias veces en que la había llevado a la consulta del médico o a urgencias con dolor, fiebre y vómitos. En una o más de esas ocasiones, el apéndice debió de haber estado horriblemente infectado, filtrando a su abdomen. Al curarse por sí solo, había formado una gruesa capa de tejido cicatrizal que se había adherido al intestino delgado y se había estrechado a medida que su cuerpo crecía. Después de un tiempo, quedaba solamente un pasaje pequeño, lo cual explicaba por qué a Anna le iba bien con los líquidos pero no podía tolerar la comida sólida, lo cual hacía que su estómago se hinchara como un globo.

El colmo fue el espeso batido de leche de preparado intestinal que le habían obligado a consumir para la endoscopia, esa en la que "todo estaba *bien*" excepto yo y mi molesta insistencia en que algo iba realmente, realmente mal. El peso de aquello fue más de lo que su cuerpo podía soportar, y causó la obstrucción completa.

Kevin escuchaba tranquilamente. Yo no podía entender por qué él parecía aún tan estresado. Yo sentía que estaba respirando con ambos pulmones por primera vez en un año. Toda esa frustración, enojo, búsquedas en la internet, y suplicar ser escuchada…todo ello había formado gradualmente una fuerte presión en la parte de atrás de mi cuello, y en una fresca ráfaga de alivio, noté que se soltó. Todo lo que el cirujano decía parecía tener mucho sentido para mí.

Había estado hambrienta de tener esa explicación clara. Un diagnóstico sencillo. Un camino despejado hacia delante. Felices para siempre.

"¡Nuestras oraciones han sido respondidas!", les dije a Abbie y Adelynn al teléfono.

No estaba preparada para oír que la respuesta era no.

La realidad se asentó a medida que continuaron los días en el hospital. Yo deseaba que aquella pesadilla terminara; quería que regresáramos a la normalidad, y tenía pensada mi definición de fantasía de "normalidad". Aparentemente, Dios no recibió esa información.

Anna no mejoraba. Se puso peor.

Una vez más, su pequeño vientre se hinchó, y se hundió en una neblina de dolor que no la dejaba dormir, sobreviviendo con sorbos de líquido y fluidos por vía intravenosa. Ella quería quedarse tumbada en la cama y que la dejaran tranquila, pero Kevin y yo la halagábamos y molestábamos. La poníamos de pie varias veces al día y caminábamos con ella por el cuarto piso del hospital en un intento por hacer que su sistema digestivo comenzara a funcionar. Unos días después de la cirugía, Annabel sufrió una reacción pruriginosa, un picor en toda la piel, debido a la morfina, que tuvieron que dejar de suministrarle, y los analgésicos que aún podía tolerar le proporcionaban muy poco alivio.

Aquel domingo, 9 de marzo de 2008, el cirujano pediatra regresó para hacer una revisión a Annabel. Cuando yo le vi con un elegante traje de tres piezas en lugar de las ropas quirúrgicas normales, sonreí y dije: "Bien, ¡buenos días! Lleva usted su ropa de ir a la reunión del domingo".

"Estuve en la iglesia esta mañana, y no pude dejar de pensar en Annabel", dijo él. "Pasé por aquí un momento y…".

Su sonrisa se desvaneció cuando puso su experimentada

mano sobre la frente de ella. Llamó a una enfermera, quien comprobó las constantes vitales de Anna. Su temperatura había subido hasta 102,7 (39 C). Ella tenía mucho dolor, estaba hinchada y pálida, y cuando el cirujano palpó su estómago, ella se retorció en agonía.

"Escuchando", le dijo a Kevin mientras movía un estetoscopio por el torso de Anna.

"¿Qué significa eso?", susurré yo.

"Cuando hay gases extra y ningún sonido intestinal sano", dijo Kevin, "a veces se oyen ruidos".

"¿Y eso significa?".

"Que algo va mal".

Sus intestinos volvían a estar completamente obstruidos, y sería necesaria otra cirugía para abrir una vez más su abdomen. Minutos después, el ballet quirúrgico se repitió. Llegó el anestesista para hablarnos de la cirugía, y yo quedé aliviada cuando le dio a Annabel el primer componente del cóctel que la dejaría inconsciente. Yo me acerqué a ella para acariciar su oído con mis labios, del modo en que solía acariciar las preciosas orejas de todas mis hijas cuando eran bebés, susurrando esa sincera oración de bendición del libro de Números.

"¡Que el Señor te bendiga, y te cuide! ¡Que el Señor haga resplandecer su rostro sobre ti, y tenga de ti misericordia! ¡Que el Señor alce su rostro sobre ti, y ponga en ti paz!".

Kevin le dio un beso en la mejilla y susurró: "Adiós, cariño. Nos vemos pronto".

Cuando se llevaron la cama de la habitación, él agarró mi mano. La tristeza salió de mi corazón como agua de un dique roto, y lloré durante un largo y amargo rato. Reunido en la sala de espera estaba un ejército celestial de guerreros de oración, preciosos familiares y amigos, almas hermosas que nos aman a Kevin y a mí como hermanos, y aman a nuestras hijas como si fueran de ellos.

Mi hermano Greg y su esposa, Jill, habían estado cuidando de Abigail y Adelynn en su casa en Wichita Falls y las habían llevado al hospital para entregarlas a Nina, una de las varias amigas estupendas que se turnaban para cuidar de las niñas a fin de que Kevin y yo pudiéramos estar acampados en la habitación del hospital de Annabel. La hermana de Kevin, Corrie, tenía en sus brazos a Adelynn (que entonces tenía tres años) cuando el Dr. Scott Sharman, nuestro pastor de la iglesia Alsbury Baptist, entró. Cuando Adelynn lo vio, le lanzó una gran sonrisa, extendió sus brazos y dijo: "¡Quiero que Dios me cargue!".

Todos nos reímos. Fue un momento perfecto. Todos sabíamos exactamente lo que Adelynn estaba pensando; hablábamos cada semana sobre ir "a la casa de Dios", y cuando llegábamos allí, al frente estaba ese hombre que parecía estar dirigiendo la fiesta, dando un apretón de manos en la puerta a medida que llegaban o se iban las personas. Adelynn recibió eso como una niña y sacó la conclusión lógica. Ahora ella necesitaba que la cargara esa persona grande que le hacía sentirse segura y querida.

Creo que todos en la sala podían identificarse. Todos habíamos pasado mucho esta vez, y la pequeña demanda sincera de Adelynn nos hizo reír y rompió la tensión, pero mientras la risa nos hacía respirar, sus palabras resonaban como una profunda oración: *Quiero que Dios me cargue*. Nos reímos hasta llorar, y entonces lloramos hasta volver a reír.

Después de lo que parecieron mil horas, nos llamaron a Kevin y a mí para reunirnos con el cirujano en la misma sala donde lo habíamos conocido nueve días antes. Recuerdo pensar lo fácilmente que nos convertimos en criaturas de hábitos. Nos sentamos en las mismas sillas, mirando fijamente al papel de pared blanco, sintiendo las capas de malas noticias que nos habían dado y habíamos oído bajo el arte genérico y los diagramas anatómicos.

El cirujano entró con aspecto agotado y serio.

"Cuando órganos y tejido abdominal se pegan, a veces se forman adhesiones: bandas de tejido fibroso. Encontramos varias adhesiones entrelazadas... requirió muchas disecciones para liberar...". Después de aquello, las palabra iban y venían en oleadas como si fueran una marea continua. "...separando y situando el intestino otra vez en el abdomen... porque no había ninguna causa definida para la segunda obstrucción... continuar teniendo adhesiones... y puede que no se recupere de manera que le proporcione una fuerte calidad de vida".

"Un momento... ¿qué?". Entrecerré los ojos y los abrí como platos, intentando asimilarlo. Lo que él decía. Eso que no podía estar diciéndome. "Está usted diciendo... ¿esto seguirá sucediendo *durante el resto de su vida*? ¿Está diciendo que desde ahora en adelante... esta *es* su vida?".

"Estoy diciendo que puede que tengamos que seguir quitando las adhesiones mediante cirugía".

"Pero ¿por qué está sucediendo esto?", le presioné. "No entiendo qué podría hacer que sucediera algo como esto".

"Vendrá el gastroenterólogo para hablar con ustedes sobre ello. Si estamos contemplando un trastorno de movilidad, eso puede ser muy difícil de diagnosticar. La prueba es invasiva. No querríamos someter a un niño a eso a menos que fuera absolutamente necesario. Una vez diagnosticado, puede ser una batalla de toda la vida".

Kevin hizo las preguntas clínicas relevantes. El cirujano

dio respuestas clínicas conservadoras. Yo estaba sentada y callada, y mi mente daba vueltas a las realidades diarias que estaban detrás de toda esa jerga. Vi el paisaje de la vida de Annabel siendo arrasado delante de mis ojos. El paisaje de nuestras propias vidas: la de Kevin y la mía. Y la de Abigail. Y la de Adelynn.

Nuestra familia había sido desgarrada. Abbie y Adelynn habían estado viviendo con sus pequeñas mochilas a cuestas durante casi dos semanas, siendo invitadas a dormir permanentes según un calendario rotatorio que ahora dejaba el final del calendario como un futuro desconocido. Los compañeros de Kevin en la clínica veterinaria nos dieron un apoyo increíble, sin cuestionar nunca que la familia es lo primero, pero Kevin aborrecía abusar de eso semana tras semana, un mes tras otro.

Año tras año.

Pero todo aquello quedó solamente en una nota a pie de página; la sombra que lo cubría todo era el sufrimiento que Annabel tendría que soportar. Las pruebas invasivas. Las cirugías. La lenta erosión de su espíritu bobo y brillante. Eso estaba mal. Como intentar respirar agua o cruzar nadando una roca sólida. Imposible, y roto, y *mal, mal, mal.*

Kevin y yo nos mantuvimos bastante serenos mientras hablábamos con el cirujano, y después nos permitimos a nosotros mismos ser acompañados hasta la zona de espera quirúrgica donde nuestros amigos y familiares estaban sentados y hablando en murmullos, suaves risas y suaves oraciones. Los hombres se pusieron de pie de inmediato y fueron hacia Kevin, y las mujeres me rodearon como si fueran una cálida manta de retales. Oh, yo quería que Dios me cargara, y Él envió a sus mejores emisarios posibles. Comencé a decirles lo que el cirujano nos había dicho, pero a medida que salían las palabras, se volvieron tan reales como bloques de construcción, y eran demasiado pesadas para mí. Mis dulces hermanas me permitieron decirlas jadeando y tartamudeando, y después me permitieron llorar.

Con tantos tubos y cables que entraban y salían de su cuerpo, Annabel se parecía a una pequeña mariposa rosada en una tela de araña. Un tubo que le entraba por la nariz y bajaba hasta el estómago proporcionaba succión para el drenaje. Catéteres rectales y urinarios realizaban las funciones obvias. Dos pequeños tubos en su orificio nasal enviaban oxígeno a sus pulmones, pues amenazaba la neumonía. Una vía PICC (un catéter intravenoso que va directamente al corazón) fue insertada justamente por debajo de la clavícula de Annabel para darle nutrientes que no podía recibir de ninguna otra manera. Su cuerpo tenía profundas heridas moradas al explotar una vena tras otra. Los fluidos intravenosos que proporcionan nutrientes son más espesos que la solución salina, y las venas pueden soportar eso solamente un tiempo. Anna llevaba quince días sin comer. Alimentarla con fluidos intravenosos no iba a lograrlo durante mucho tiempo.

Era ahí donde estábamos entonces. En el mucho tiempo.

Abbie tenía ocho años entonces: demasiado pequeña para entender, pero demasiado grande para hacer lo que se le pedía; y teníamos que pedir mucho de ella. Se convirtió en mi mano derecha en casa y en la mamá suplente de Adelynn cuando yo no estaba. También era la chispa de alegría que evitaba que nos pusiéramos lúgubres, un pequeño faro que nos mantenía orientados hacia lo que ha de ser la niñez. Ella nunca veía ni trataba a Anna como algo menos que Anna. Alentaba a su hermana a jugar y reír, y a estar interesada en divertirse, y su imaginación sin fin alejaba a Anna de la desagradable realidad.

Recuerdo uno de los días buenos en que Anna se sentía lo bastante bien para jugar, y Abbie pudo animarla a salir fuera en la tarde. Regresaron a la hora de la cena, maravillosamente sudorosas y sucias, oliendo a protector solar y hierba seca.

"Mamá", dijo Annabel entusiasmada, "Abbie, Adelynn y yo jugamos a un juego en el que teníamos que llegar a lo alto de ese árbol ¡para salvar al mundo!".

"Abbie, respira conmigo. Inhala por la nariz…exhala por la boca…".

En la parte trasera del vehículo de CareFlite, yo agarraba la mano a Abbie, manteniendo mi voz baja y cálida, aborreciendo el momento de amor firme que yo sabía que iba a llegar, aborreciendo todos los momentos de amor firme que ya habían llegado y se habían ido.

"Abigail, no podemos hacer esto ahora", dije con voz firme. "Ahora tenemos que calmarnos. Tienes que controlarte. Si no puedes respirar, tendrán que llevarte al hospital, Abbie, y yo no puedo ir contigo".

"No quiero ir". Sollozos e hipo se agolpaban en su garganta. Abbie cerró los puños en su regazo. "No iré. Tengo que estar aquí por Anna cuando salga. Tengo que estar aquí por Adelynn cuando todos ustedes se vayan al hospital. Pero tengo miedo, mamá. Tengo mucho miedo…".

"Lo sé. Lo sé, pero…".

"No lo sabes", dijo ahogada por las lágrimas. "No lo sabes".

"¿Qué no sé? Dímelo para que pueda entenderlo".

"Es todo culpa mía".

"No. No lo es". Puse mis manos firmemente sobre sus

hombros e hice que se incorporara para mirarme. "Escucha, nada de esto, jamás, ha sido culpa tuya, ni una sola parte. ¿Por qué ibas a pensar eso?".

"Porque yo le dije...yo le dije que se pusiera ahí". Abbie se quitó la máscara de la cara, y la historia completa apareció de manera culpable y casi sin respirar. "Comenzó a quebrarse, y yo le dije...le dije que la rodearía y bajaría del árbol grande, y entonces mi peso no estaría en la rama y ella podría cruzar y bajar igual que había subido, y yo creía que el agujero era poco profundo, de medio metro o así, y tan solo necesitaba que ella pisara ahí un segundo para poder rodearla, y ella no quería, y yo seguía diciéndole que pisara allí, y entonces ella lo hizo, y ella...ella...ella no quería hacerlo, y yo le hice hacerlo, mamá. Yo hice que se metiera ahí, y será culpa mía si ella...".

"Abbie, no. *Abbie*, escúchame. Lo primero de todo, ese era un plan estupendo. Era un plan brillante, y te amo por haber pensado eso. Porque estabas cuidando de ella, como haces siempre. Tú no tenías modo de saber que iba a resultar así. Abbie, a veces, incluso si intentamos hacer todo bien, incluso cuando *hacemos* todo bien, a veces las cosas resultan mal; y lo único que podemos hacer es recuperarnos. Tú tienes que recuperarte ahora, Abbie. Necesitas soltar todo lo que no puedes controlar. Cualquier cosa que ya ha sucedido, cualquier cosa que temas que pudiera o no pudiera suceder; tú no puedes controlar nada de eso. Tan solo puedes controlar cómo reaccionas a ello. Y el modo en que estás reaccionando ahora, Abbie, yo no puedo solucionarlo por ti. Solamente tú puedes arreglarlo. Y puedes hacerlo, Abbie; eres una persona fuerte, física, emocional y mentalmente. Puedes solucionar esto".

Abbie asintió con la cabeza, intentando tragar saliva, intentando permanecer conmigo.

"Anna va a estar bien". Hice que me mirara a los ojos, y me hice creer a mí misma lo que estaba diciendo. "La mano de Dios está sobre ella, a pesar de todo. Sabes eso, ¿verdad?".

"Pero ¿y si... y si ella no está bien?".

"Por eso tengo que quedarme, Abbie. Entiendes eso, ¿cierto?".

Ella asintió otra vez y puso el peso de su mano sobre su mejilla; seguía estando desolada pero respiraba de modo en cierta manera regular. Inhalando por la nariz; exhalando por la boca. Le di un beso en la sien y agarré sus manos entre las mías, y le pregunté: "¿Quieres orar conmigo?".

Abbie estuvo de acuerdo. Toqué su frente con la mía.

"Padre celestial... por favor... necesitamos tu paz. Y tu fortaleza. Y tu amor. Por favor, que tu paz venga sobre Abbie. Calma su corazón, Señor, y su alma... y ayúdala a respirar. Y ayúdame... ayúdame a ser... lo que necesite ser ahora. Y está con Anna. Por favor, mantenla a tu cuidado y hazle saber que no está sola".

Nos quedamos calladas por un largo momento. No había sonido alguno a excepción del ruido del helicóptero fuera. Después de un momento, Abbie me rodeó con sus brazos, y yo le di un fuerte abrazo, queriendo que supiera lo mucho que la quería, sin desear ser la primera en soltarla.

Cuando ella se alejó, dije: "¿Bien?".

Abbie dijo: "Bien".

Y yo sabía que estaría bien; pero además sabía ahora que su vida estaba también en la balanza, su destino atado al de Anna de una manera que ninguna de nosotras podía entender verdaderamente. Cuando nos bajamos de la ambulancia, yo hice otra oración en silencio por las dos.

"Annabel".

"¿Sí?".

Ella es inteligente, mi Annabel. Sospecho que ella sabía que llegaba un momento de amor firme.

"Anna, es momento de que regreses".

"No quiero regresar. Quiero quedarme contigo".

"Es momento de que te vayas, Annabel. Los bomberos van a sacarte, y cuando lo hagan... Anna, estarás completamente bien. No habrá nada mal en ti. Mi Espíritu Santo estará contigo. No tengas miedo. Envío a mi ángel guardián para que esté contigo".

Annabel recibió la promesa de Él como una niña. En fe.

"¿Anna? Annabel...".

Una voz lejana estaba gritando su nombre.

"Soy bombero. Vine para sacarte. ¿Puedes oírme? Anna, ¿puedes responderme?".

Ella abrió los ojos. La gloria dorada ya no estaba. Annabel estaba sola en la oscuridad.

Capítulo seis

Él descubre los misterios escondidos en la
oscuridad; trae luz a la más profunda penumbra.

Job 12:22

En el vientre del árbol, Anna logró ponerse de pie,
intentando respirar, pero el aire era espeso y mohoso. Un
diminuto haz de luz penetraba en la oscuridad por encima
de ella, me contó después, y pensó que podría ser un agujero abierto en el árbol y que si podía llegar a él, podría ser
capaz de acercar la boca y respirar. Había un estrecho saliente a unas ocho pulgadas (20 centímetros) por encima
de su cabeza.

"Como si yo estuviera aquí", dijo ella señalando un punto
en la alfombra, "habría ese saliente dentro del árbol, como
aquí". Indicó por encima de su frente con la palma de la
mano. "Y yo intenté subirme al saliente porque pensaba
que si podía subir hasta ahí, quizá podría encontrar una salida. Pero era realmente pequeño y era difícil subirse. Res-
balaba. Porque todo estaba fangoso".

En urgencias, más adelante observaron que sus uñas estaban llenas de moho y tierra por sus esfuerzos por agarrarse y subirse a ese saliente.

"Apuesto a que daba miedo", dijo la enfermera, pero Anna simplemente sonrió.

"Estaba oscuro", me dijo al día siguiente, "pero Jesús envió un ángel. Así que cuando regresé, podía ver el interior del árbol".

Cuando regresé, dijo ella, tan naturalmente como si se refiriera a bajarse del autobús escolar y pisar la gravilla de nuestro sendero.

El ángel no era lo que Anna esperaba que fuera un ángel. "Ella se parecía más a…a un hada, supongo. Y entonces se volvió cada vez más nítida, y entonces fue como…mamá, Dios *me hizo un guiño* por medio del cuerpo del ángel. Y supe que Él me estaba diciendo: *Voy a dejarte ahora y todo va a salir bien*. Y entonces el ángel se volvió, como, sólido otra vez, y se quedó conmigo el resto del tiempo. Encendió una luz para que yo pudiera ver en el interior del árbol donde estaba. Entonces pude ver las paredes, y eran como esto…".

Aquí Anna hizo un movimiento con sus manos, mostrándome el misterioso mundo interior del árbol, que finalmente vi yo misma después de que Kevin escalara hasta allí un día soleado con una luz y una cámara. El interior del árbol es en realidad bastante hermoso; las altas paredes están veteadas y tienen forma de músculos, con matices de ébano, de caoba, y blanco fantasmal.

"Al tocarlo se notaba duro y suave pero rasposo en partes", dijo Anna. "Como suave pero después duro. Como si fuera leña que ha sido partida. Y el suelo estaba fangoso".

En el suelo, medio oculta por barro y raíces, estaba la linterna que Abbie había dejado caer hasta ella dos horas antes. Annabel se sentó y jugueteó con ella un rato, pero no pudo descubrir cómo encenderla. Y estaba bien, dijo ella. No la necesitaba. Estaban sentadas juntas y tranquilas, Anna y su ángel, rodeadas por un halo de luz silencioso.

"Y así fue como pude agarrar la cuerda", dijo Anna. "El único modo en que pude agarrarla fue porque mi ángel guardián la enfocó con su luz".

YO HABÍA REGRESADO A mi puesto por debajo de la gruta. Kevin seguía en movimiento, comprobando con los miembros del equipo y acudiendo a mí de vez en cuando para agarrarme la mano. Abbie estaba cerca, con un brazo protector por encima de los hombros de Adelynn. Dos de los obreros de rescate que aún estaban allí habían dados sus abrigos a Abbie y Adelynn, un pequeño gesto que significaba mucho a medida que el aire nocturno refrescó tanto que podíamos ver nuestra propia respiración cuando orábamos.

El plan para sacar a Anna con seguridad, una hazaña de ingeniería que implicaba cuerdas, escaleras, palancas, y mucha experiencia paciente, evolucionaba como un esfuerzo coordinado entre los miembros del equipo en tierra y en las escaleras con Kevin en alguna parte en medio de todo ello. Se analizaban y resolvían los problemas a medida que iban surgiendo.

Primero, pensaron en un pequeño arnés y esperaban que ella pudiera atarse a él; era como el asiento de un columpio para bebés, esencialmente, hecho con cuerda gruesa pero flexible que sostendría su peso pero no se atascaría con los bordes dentados y los salientes en el interior del árbol. También había que tomar en consideración la frágil parte inferior de la apertura; si se rompía, los fragmentos lloverían sobre la cabeza de Anna. Si cortaba la cuerda mientras la subían, podría deshilacharse y romperse cuando ella estuviera lo bastante arriba para quedar herida incluso más gravemente de lo que ya estaba. Al no conocer el grado de sus lesiones, ellos tenían que proceder con dolorosa lentitud mientras la subían; era imperativo que no se produjeran movimientos de traqueteo en su cuello y espalda, ningún tirón rápido hacia arriba que pudiera golpear su cabeza con las paredes irregulares.

"El verdadero problema es cuando la hayamos subido", oí a alguien decirle a Kevin. "No podemos simplemente arrastrarla por encima del saliente. Necesitamos establecer un segundo punto de contacto para así poder subirla y entonces sacarla balanceándola".

Entendieron que necesitarían una escalera más alta, junto con otra polea.

Es raro cómo Dios a veces oye nuestras oraciones antes de que ni siquiera sepamos por lo que hemos de orar. Cuando el equipo Briaroaks se preparaba para bajar el arnés hasta Anna, llegó una llamada de la operadora. Otra agencia había enviado a los bomberos de Cleburne por error hacía unos veinte minutos. El camión de Cleburne estaba ya a mitad de camino, y estaban en contacto por radio, preguntando si deberían darse la vuelta y regresar o seguir adelante por si necesitábamos ayuda extra. Ellos tenían a bordo una escalera de cuarenta y cinco pies (13 metros) y un sistema de poleas.

Bryan dio la noticia a lo alto de la escalera donde estaban Mike y Tristan, y le dijo a la operadora: "Dígales que vengan. Estamos listos para comenzar a subirla".

Por encima de nuestras cabezas, Mike seguía gritando el nombre de Anna. "¿Annabel? Anna, si puedes oírme, di *hola*. ¿Puedes decirme *hola*, Anna? Anna, vamos a sacarte de ahí, ¿de acuerdo? Y tu mamá y tu papá están aquí. Todos estamos aquí, Anna. No tienes que tener miedo".

Ella nunca levantó la vista ni les contestó.

"De todos modos estamos bajando el arnés", nos dijo Bryan.

No había otra cosa que hacer en aquel momento sino esperar que Anna pudiera hacer lo que ellos necesitaban que hiciera.

"¿Y si no puede?", le pregunté a Kevin.

"Cruzaremos ese puente si llegamos a él. Ella puede hacerlo. Lo hará".

Bajaron el arnés hasta ella. Annabel estuvo sentada otro largo momento mientras Mike gritaba su nombre, diciéndole una y otra vez que agarrara la cuerda, y después de un tiempo, ella estiró su mano y la agarró. Entonces levantó la vista y sonrió.

"¡Buena chica, Anna! ¡Buena chica!", gritó Mike por encima del hombro. "Muy bien, oigan, está respondiendo. Está respondiendo".

Hubo un suspiro de alivio colectivo, y sentí que Kevin me daba un apretón en el hombro.

"Muy bien, Anna, necesitamos que metas un pie por ese nudo grande. ¿Ves a lo que me refiero? Pon un pie en ese círculo grande, y después pon tu otro pie en el otro círculo grande, y solo levanta el arnés para que tus piernas estén por dentro, y es como si estuvieras sentada en un columpio, ¿de acuerdo? ¿Ves cómo funciona? Da un tirón de la cuerda, Anna, y así sabré que estás bien sujeta".

Anna no le hablaba todavía, pero seguía sus instrucciones y se metió con seguridad en el arnés con Mike alentándola y animándola.

"¡Sí! Muy bien, Anna. Lo tienes, lo tienes. Ahora vamos a comenzar a subirte, y lo vamos a hacer suave y despacio".

Con el camión de Cleburne aún a unos veinte minutos

de distancia y Anna colgando del arnés a 30 pies (9 m) por debajo, comenzaron el cuidadoso proceso de subirla. Esperamos durante lo que parecía una eternidad.

Debería haber sido más fácil, considerando toda la espera que habíamos sufrido en los años anteriores.

ANNABEL ESTUVO EN EL hospital veintidós días después de aquella cirugía inicial, y durante ese periodo todos experimentamos momentos de intensa tristeza e intensa gratitud. Ella estaba viva, y eso llegó a significarlo todo. Sabíamos que el camino se pondría más difícil, pero ahora sabíamos qué empacar. Eso era algo. Mucho, en realidad. Por mucho tiempo eso fue algo por lo que habíamos orado: un punto de apoyo, un conjunto de palabras que yo pudiera buscar en Google, cualquier indicación hacia las preguntas correctas.

Cuando Annabel estuvo lo bastante fuerte como para estar de pie, las enfermeras nos dijeron que teníamos que hacer que se levantara y caminara. Comprensiblemente, Anna no quería hacer nada de eso. Acababa de soportar ese insulto masivo a su pequeño cuerpo, y quería acurrucarse en su cama con los diversos animales de peluche que las personas seguía regalándole.

"Anna", dijo Kevin todo lo amorosa y firmemente que pudo, "tienes que caminar".

"No. Papá, no puedo. No me hagas hacerlo".

"Lo siento, Anna, tienes que hacerlo". La incorporó en la cama y puso los brazos de ella alrededor de su cuello. "Te tengo, ¿de acuerdo? Podemos hacer esto".

"Si lo entiendes", suspiró ella, "no hay modo alguno en que físicamente pueda hacerlo".

Él la levantó y la puso de pie, sosteniéndola y dirigiéndola mientras ella hacía el terrible viaje desde la cama hasta el marco de la puerta y regresaba. Unos ocho pasos cada vez: un logro inmenso que celebramos con lágrimas en los ojos.

Cook Children's tenía muchas personas maravillosas en plantilla, pero su especialista en vida infantil, Dani Dillard, una joven con ojos brillantes y una increíble sonrisa, marcó una impresión duradera y transformadora en Anna. Tan solo unos días después de la cirugía, ella llamó a la puerta para ver si había algo que pudiera llevar a Anna.

"¿Un par de películas, quizá? ¿O algo de música que te gustaría escuchar? Tengo libros para colorear. ¿Te gusta colorear?".

"Sí", dijo Anna, "pero tengo *esto*". Levantó su brazo derecho para mostrarte a Dani la vía que tenía en su muñeca y el dorso de su mano.

"Ah, podemos trabajar a pesar de eso, fácil", dijo Dani. "Mamá y papá, quizá les gustaría ir a tomar un café mientras nosotras trabajamos coloreando un ratito".

Agradecidos por la oportunidad de salir juntos de la habitación durante media hora, Kevin y yo dejamos a las dos charlando sobre los libros para colorear, y cuando regresamos, Anna anunció: "Dani es mi mejor amiga en el hospital".

Yo estaba asombrada por su paciencia infinita y las maneras creativas y sin ningún drama en que le hablaba a Anna sobre todo lo que estaba sucediendo, física y emocionalmente.

"¿Entiendes lo que le ha sucedido a tu cuerpo, Anna?", le preguntó.

"Tuve una cirugía", dijo Anna.

Usando una muñeca, Dani le mostró a Annabel lo que eso significaba y cómo la vía intravenosa la estaba alimentando como si su cuerpo estuviera absorbiendo con una pajita, y por qué tenía que seguir levantándose de la cama un rato cada día. Con los años, llegó a conocer a las hermanas de Anna y también las amó. Dani se convirtió en parte de la rutina que hacía que los días y las noches fueran soportables para Anna durante aquella larga estancia en el hospital, y además de eso, ella mostró a Anna y sus hermanas un ministerio extraordinario formado por pequeñas cosas que eran enormemente importantes para esa persona diminuta y vulnerable y para sus agotados padres.

Nos llevamos a Anna a casa para comenzar la siguiente parte de su difícil viaje, y al domingo siguiente era Semana Santa. Nos sentamos juntos en la iglesia como familia por primera vez en muchas semanas, y aquella fue una bendición abundante. Yo dejé que los cantos conocidos y la Escritura me levantaran el ánimo.

¿Por qué buscan entre los muertos al que vive? No está aquí. ¡Ha resucitado!

No teníamos otra opción sino aceptar la realidad de que Annabel tenía por delante toda una vida de batalla con aquello, pero nunca aceptaríamos que ella estuviera a su merced. Calidad de vida, no solo para Anna sino también para toda nuestra familia, era una meta que tendríamos que definir y luchar por ella. Sería una hazaña de ingeniería; y valdría la pena. No había caso en buscar *vivir* plenamente nuestra vida entre las ideas muertas de "normalidad" y "lo que ha de ser". Tendríamos que confiar en la gracia de Dios y encontrar un nuevo modo de seguir adelante.

Kevin y yo nos propusimos aprender todo lo que pudiéramos sobre trastornos de movilidad infantil mientras Anna volvía a aprender los elementos más sencillos de la vida de un niño, cómo comer, cómo jugar, y hacía todo lo posible por ponerse al día de una montaña de tareas escolares pendientes.

Desde que tenía cuatro años de edad, Annabel había sufrido un dolor horrible y otros síntomas. Ahora tenía seis. En los meses siguientes a la catastrófica cirugía doble, el gastroenterólogo finalmente llegó al verdadero diagnóstico: trastorno de pseudoobstrucción de movilidad, una enfermedad rara que tiene un profundo efecto en los intestinos, evitando que el cuerpo reciba la nutrición que necesita, y trastorno de hipomotilidad gástrica, que es esencialmente una parálisis en el estómago.

Las palabras más difíciles que he oído decir: "No hay cura".

El trastorno de pseudoobstrucción de movilidad en niños es por lo general congénito, está presente al nacer. Con el tiempo, las infecciones bacterianas y la malnutrición tienen su efecto, junto con varios problemas que afectan directa o indirectamente casi a cada parte del cuerpo. No se conoce la causa exacta, y es un trastorno difícil de tratar. Al escribir estas palabras, en realidad no hay un protocolo de tratamiento en el que todos estén de acuerdo, porque puede ser difícil llegar al diagnóstico, y hay mucha variación entre los pacientes.

Nos dijeron que se hace cada vez más difícil mantener una buena calidad de vida para los niños con trastorno de pseudoobstrucción de movilidad y trastorno de hipomotilidad gástrica. Debido a que el dolor abdominal crónico es uno de los síntomas principales, ellos frecuentemente no pueden comer, e incluso cuando pueden no quieren hacerlo, porque han aprendido a asociar el comer con sufrimiento físico y angustia emocional. En muchos casos, hay que alimentarlos con suplementos nutricionales líquidos mediante un tubo nasogástrico, que va desde la nariz hasta el estómago, o con un "botón G" que ha sido situado quirúrgicamente en la pared abdominal. Sustituyen de modo eficaz la nutrición necesaria para la supervivencia, pero ponen una carga enorme en los niños, como sucedería con cualquiera en una sociedad donde tantos eventos sociales y celebraciones giran en torno a la comida. A veces es necesario extirpar parte de los intestinos, y se puede pensar en un baipás quirúrgico. A veces son necesarias una colostomía y otras medidas extremas. En los casos más graves, puede que se piense en un trasplante de intestino delgado.

Cierto porcentaje de niños con trastorno de pseudoobstrucción de movilidad y trastorno de hipomotilidad gástrica son capaces de mantenerse en curso después del diagnóstico; se quedan en el mismo estado durante toda su vida, y un tratamiento continuado los mantiene en un nivel bastante constante. Otros niños pasan por muchos altibajos con síntomas en constante cambio y con el tratamiento siendo reajustado en un esfuerzo por mantenerse. La abrumadora mayoría de niños con trastorno de pseudoobstrucción de movilidad y trastorno de hipomotilidad gástrica siguen una trayectoria descendente continua que ya ha comenzado cuando reciben el diagnóstico. Su calidad de vida se erosiona a medida que la necesidad cada vez mayor del control del dolor se convierte en una prioridad más alta. La nutrición vía intravenosa o mediante un tubo PICC les permite sobrevivir, pero no es sorprendente que la depresión sea con frecuencia un problema importante.

A medida que continuamos nuestra búsqueda para obtener la mejor ayuda para Anna, incluso los médicos más optimistas estaban de acuerdo en que no había ningún porcentaje mensurable estadísticamente de niños con trastorno de pseudoobstrucción de movilidad y trastorno de hipomotilidad gástrica que se recuperasen por completo. Simplemente no veían a pacientes ponerse bien y vivir sus vidas libres de dolor y de tratamientos. Nuestra mejor esperanza era hacer que su vida fuera lo más cómoda y feliz posible a medida que los trastornos continuaban haciendo estragos en su cuerpecito.

Comenzó a formarse un patrón. Un paso adelante, dos pasos atrás. A veces tres pasos atrás. Menos de seis semanas después, ella estaba de nuevo en el hospital, después otra vez en casa pero aún pálida y con dolor, y con su pequeño vientre angustiosamente hinchado. Estábamos de nuevo donde habíamos comenzado, solo que esta vez en los días en que Anna se sentía moderadamente mal, nos sentíamos afortunados. Las noches en que no había nada más que pudiéramos hacer por ella, Kevin la metía en la cama diciendo: "Quizá mañana te sentirás mejor". Parecía muy hueco cuando él lo decía, pero Anna lo aceptaba con esperanzada gracia.

Consideramos un triunfo una tarde que ella salió para columpiarse, pero entró poco después diciéndome: "Mamá, me siento rara. Siento que no puedo respirar bien". Yo la metí en la cama con todas las medidas de comodidad estándar, con mucha cautela los días siguientes hasta que mejoró y se sintió lo bastante bien para regresar a la escuela.

Comenzamos a visitar a un especialista tras otro, decididos a encontrar a alguien que pudiera ayudarla. Uno de ellos comenzó a suministrarle un medicamento llamado Reglan para estimular contracciones en su tracto digestivo. Los posibles efectos secundarios incluían problemas de movimiento muscular parecidos al Parkinson, pero era le mejor opción disponible.

"La mejor medicina, cisaprida, fue retirada del mercado", nos dijo el especialista. "Solo un puñado de médicos tienen licencia para recetarla. Los gastroenterólogos; y los veterinarios, desde luego".

"¿Los veterinarios?".

Él asintió. "Se usa primordialmente en gatos, creo".

Felizmente, resultaba que yo tenía mi propio veterinario disponible enseguida, y Kevin comenzó a investigar sobre el medicamento, pero antes de tener oportunidad de buscarlo, Anna terminó otra vez en el hospital. Esta vez optamos por llevarla a Dallas, donde ya habíamos conectado con un especialista estupendo que era conocido por sus operaciones innovadoras, incluidos los trasplantes intestinales pediátricos, y un maravilloso especialista en movilidad, y que ambos reconocían la calidad de vida como una prioridad. En ese punto, Annabel tomaba ocho medicamentos, un acto farmacéutico de hacer girar varios platos a la vez que hacía posible que su cuerpo funcionara a nivel básico. No queríamos llevarla a un hospital donde los médicos que entendían eso no tuvieran privilegios de admisión. Así que nos fuimos a Dallas.

El primer día, le admitieron por urgencias con el proceso ya familiar; dolor crónico, grave distensión y malestar general, y realizaron la usual batería de pruebas invasivas, las cuales localizaron una posible obstrucción. El segundo día, las cosas dieron un giro inesperado. Un sincero residente joven entró y se sentó enfrente de mí.

"Cuando estábamos leyendo el escáner", dijo, "vimos evidencia de sanidad en las costillas octava y novena".

Sin entender lo que quería decir (y ahora entiendo que lo dijo de modo muy incisivo), comencé a hacer preguntas sobre huesos frágiles e incluso dije que Anna era como una nutria revoltosa cuando estaba en preescolar, que se había roto el brazo más de una vez. Le pregunté:

"¿Cree que esto significa que sus huesos son frágiles? ¿Qué lo causaría? ¿Podría estar relacionado con problemas de nutrición que los trastornos de movilidad conllevan?".

"No parece que sea el resultado de un accidente", dijo él. "En casos como estos, no tenemos otra opción excepto que el SPM investigue".

"SPM", repetí. "¿Se refiere a... Servicios de Protección del Menor? ¿Me va a investigar por...?".

Él confirmó secamente que, sí, ciertamente, así sería. Y entonces me dejó allí, sintiéndome acusada y enfurecida, y muy, muy asustada. Pero mientras estaba allí sentada y me ardían los ojos, pensé en el día en que Anna estaba fuera en el columpio y entró diciendo que le costaba respirar. Yo la había metido en la cama y le había dado Motrin, una almohadilla térmica, y un buen libro. Ella nunca dijo que tenía el tipo de dolor que tendría una persona con costillas rotas.

"Quiero saber cómo sucede eso", le dije enfurecida a Kevin. "¿Cómo se rompen así las costillas de una niña, y cómo evitamos que eso vuelva a suceder?".

"No lo sé", dijo él meneando la cabeza. "Quizá estén viendo algún utensilio de la distensión o quizá tenga algo que ver con los déficits de nutrición que ella experimenta".

"¡Lo único que ellos quieren creer es que yo abusé de ella!".

Kevin se quedó con Anna mientras yo salía fuera un rato. Ella necesitaba ropa limpia, y yo necesitaba recuperar la compostura. Cuando regresé, me asombró oír que el hombre de SPM ya había estado allí y había entrevistado extensamente a Kevin. Mientras tanto, sin embargo, el radiólogo miró más detalladamente los rayos X y determinó que las fracturas no se habían producido por una fuerza externa.

Fue un alivio que el asunto de SPM terminara, aunque habría estado bien una disculpa, pero para mí, los problemas mayores eran, primero, el hecho de que eso pudiera suceder y, segundo, el modo en que Anna estoicamente minimizó, o nunca explicó, el grado real de dolor que soportaba.

Yo comencé a hablar de eso con ella de diferentes maneras, e intenté encontrar algún método nuevo para lidiar con ellos, como "alejar el dolor soplando". Con los constantes pinchazos de agujas que le hacían en el hospital, habíamos hecho de ello un juego.

"Cuando comienza a entrar la aguja", le dije, "inspiramos *fueeeeeeerte*; y entonces soplamos, ¡y lo alejamos enseguida!".

Eso le hacía sentir que tenía poder sobre ello, y siempre le emocionaba compartir ese truco con otros niños que estaban en el hospital.

Anna veía a los especialistas de Dallas cada dos semanas más o menos. En julio hubo otra estancia en el hospital, durante la cual estuvieron de acuerdo en el diagnóstico oficial: trastorno de pseudoobstrucción de movilidad y trastorno de hipomotilidad gástrica.

"Hemos sido maravillosamente creados", les digo siempre a mis hijas citando el Salmo 139. Nuestro cuerpo hace miles de pequeñas cosas cada momento de cada día sin que nuestro cerebro ni siquiera piense en ello, como una orquesta con todos los instrumentos individuales tocando juntos en perfecta afinación. Una de esas cosas es la perístalsis, que mueve los alimentos por el sistema, pero en un niño con un trastorno de movilidad, esa sinfonía neuromuscular imperativa no se produce. Los nervios no arrancan cuando el cerebro intenta enviar mensajes al intestino, el cual se comporta como si estuviera obstruido, lo cual a su vez hace que el riesgo de una obstrucción real sea muy elevado.

"Siento ser quien confirma el diagnóstico", dijo el especialista. "Es probable que empeore. Es un modo de vida muy difícil para los niños con este trastorno. Finalmente tienen que alimentarse con nutrición periférica porque el cuerpo no puede tolerar el procesar los alimentos".

Reglan era lo mejor que podían recetarle, aunque hacía que tuviera temblores y nerviosismo general que hacía que estar sentada durante el día en la escuela fuera un desafío angustioso. Los días en que Anna sí iba a la escuela, estaba deseando regresar a casa. Los días en que no iba a la escuela, estaba deseando que Abbie apareciera por la puerta con un juego, una historia o una aventura para el nivel de actividad que Anna podía manejar, y Adelynn estaba ahí tras ellas.

Nuestro hogar era feliz, pese a los baches del camino. Nos reíamos, hacíamos bromas, íbamos a lugares. Era difícil comprometernos a actividades extraescolares, pero hacíamos lo posible por mantener a las niñas involucradas y activas. Abbie jugaba al fútbol y sobresalía en la escuela. Apunté a las tres niñas en gimnasia.

Cada seis semanas aproximadamente, Anna aterrizaba en el hospital durante unos días. Se convirtió en un modo de vida. Kevin y yo habíamos convertido la rutina en ciencia. Abigail y Adelynn podían correr la carrera de obstáculos, desde agarrar mochilas, abrocharse los cinturones de seguridad y quedarse en el hogar de sus anfitriones. Nuestros amigos y familiares se acostumbraron a ver nuestro número telefónico aparecer en su teléfono cualquier día y a cualquier hora. Ellos estaban ahí para ayudarnos aunque avisáramos con momentos de antelación, mañana, tarde y noche.

Estuvimos rodeados por mucho amor durante aquellos años, desde la montaña de animales de peluche y las tiras de coloridas tarjetas en la habitación del hospital de Anna, hasta el congelador lleno de guisos y galletas en casa. (No me importa si es usted un chef de primera; no sabe nada de guisos comparado con las señoras de la iglesia bautista). El pastor Scott nos cuidaba como un buen pastor. Gran Jan y P Paw y el resto de la familia nunca permitieron que nos sintiéramos desplazados o defraudados. Espero que lo que Anna y sus hermanas recuerden sobre aquellos años sea esa enorme riqueza de amor.

Mantuvimos en equilibrio todos los platos hasta el final del año 2008. Yo estaba cargando las decoraciones de Navidad cuando Anna sufrió una terrible reacción distónica al Reglan. Cuando una respuesta neurológica fallida agarrotó músculos en su cuello y su espalda, su postura se contorsionó de manera horrible. Su cabeza giró hacia atrás de modo imposible. No podía hablar ni tragar. Pensamos seriamente que estaba sufriendo un derrame cerebral. Hasta la fecha, la niña se refiere a esa noche horrorosa como "lo del derrame". En el auto de camino a dejar a Abigail y Adelynn, Abbie no dejaba de decir: "Mamá, algo va muy mal. ¡Anna, di mi nombre! ¡Di Abbie!". Pero Anna no podía hacerlo.

Entré corriendo a urgencias cargándola en mis brazos, y ellos empezaron a tratarla inmediatamente. El médico le dijo que sacara la lengua, y cayó mustiamente hacia el lado, hinchada y pálida. Le administraron una megadosis de antihistamina y le dieron el alta al día siguiente. Nos detuvimos a recoger a las niñas de camino a casa, y en el momento en que entró en el auto, Abbie dijo: "Annabel, di mi nombre".

"Abbie", dijo Anna, y al momento siguiente estaba acurrucada y dormida con su cabeza sobre el hombro de Abbie.

Al mirar atrás a la experiencia, ella la resume con la clásica despreocupación de Anna: "Fue muy decepcionante. Me había guardado una galleta salada de mis Lunchables, y tenía muchas ganas de comérmela". Cuando llegué a casa y busqué en Google "reacción distónica", el primer sitio web que apareció superó la buena reacción que ella tuvo con el eufemismo del día: "Los cuidadores pueden descubrir que es alarmante".

¿De verdad?

Los malabarismos con los platos habían fracasado. Recogimos los pedazos y comenzamos a organizar un nuevo régimen de medicamentos, sin nuestro principal, Reglan, preguntándonos cuánto tiempo podría soportar Anna un círculo interminable de eventos como este; o peores que este, porque ahora el gastroenterólogo pediatra estaba hablando de una colostomía y otras medidas gravemente invasivas como el paso siguiente.

"Si ella fuera mi hija", me dijo la especialista en movilidad, "la llevaría a Boston. El Dr. Nurko es el número uno; y es una de las pocas personas que podrían hacerle una receta de cisaprida".

Cuando llegamos a casa, me fui directamente a Google y descubrí que el Dr. Samuel Nurko, director del Centro para Trastornos Gastrointestinales de Movilidad y Funcionales en el hospital Children's de Boston, era también profesor asociado de pediatría en la facultad de medicina de Harvard.

"Ella tiene razón", le dije a Kevin. "Dice aquí que él es uno de los principales médicos del mundo en el diagnóstico y tratamiento del trastorno de pseudoobstrucción de movilidad. Uno de sus pacientes dice en este video: 'Él siempre hace lo correcto, no solo como médico sino también como ser humano'. Me gusta eso".

La cisaprida, supe, fue eliminada voluntariamente del mercado debido a graves efectos secundarios potenciales, pero Kevin sabía suficiente al respecto como para saber que podía ser la mejor esperanza de Anna. Lo cual significaba que el Dr. Nurko era su mejor esperanza.

Fueron necesarios varios meses y mucha oración persistente para conseguirle una consulta con él, pero en enero de 2009, Anna y yo hicimos nuestro primer viaje a la consulta del Dr. Nurko en el hospital Children's de Boston. Las dos estábamos nerviosas, esperando en la sala de exámenes de color blanco y lavanda con todas nuestras esperanzas y oraciones en la palestra. El Dr. Nurko entró con su gran sonrisa y su alegre trato a los pacientes, con sus credenciales colgando de un colorido cordón de Elmo. Él era positivo y accesible, y no nos desanimó ni a mí ni a Anna. Ella había desarrollado una desconfianza hacia los médicos y enfermeras que eran condescendientes y desdeñosos, lo cual es comprensible, pero respondió de inmediato al estilo desenfadado del Dr. Nurko.

"¿Tienes alguna pregunta sobre eso, pequeña?", le preguntó, y desde luego que ella tenía muchas. El Dr. Nurko las respondió todas sin una pizca de la arrogancia y la impaciencia a las que nos habíamos acostumbrado.

Sentí que habíamos llegado al campamento base donde Anna podría recuperarse y encontrar un nuevo camino hacia delante. Mientras el Dr. Nurko la examinaba, hacía bromas y le preguntaba sobre su vida, pero su enfoque y precisión nunca variaron.

"Tienes esta enfermedad", le dijo sin dramatismo, "en la que los músculos en el tracto digestivo no funcionan. Y cuando eso sucede, cuando tomas alimentos por la boca, los alimentos no van a ninguna parte y no puedes absorberlos. Y como todos sabemos, cuando no se puede comer y obtener nutrición, entonces no se puede sobrevivir".

Cuando hizo esa descripción clara y concisa del trastorno de pseudoobstrucción de movilidad, fue como si se hubiera encendido una bombilla sobre la cabeza de Anna. Incluso para mí, después de todo lo que había leído e investigado, después de todas las pomposas explicaciones y excusas que había escuchado, aquella breve explicación me resultó enormemente consoladora. Él suavizó donde otros intentaron machacar. Otros negaban con la cabeza; Nurko asentía.

"Tú eres como Elmo", le dijo hacía tiempo uno de sus pequeños pacientes al Dr. Nurko. "Tan solo necesitas pintarte la cabeza de rojo".

Anna estaría de acuerdo con esa caracterización, creo. El Dr. Nurko tenía una amplia sonrisa y llevaba corbatas divertidas. Su acento mexicano entrecortado y su risa estruendosa sobresalían entre todo el bullicio y la charla en los pasillos, de modo que siempre sabíamos cuándo se acercaba. Su experiencia hacía que llegaran a Boston pacientes de todo el mundo, pero yo apreciaba igualmente su bondad.

Mientras Anna jugaba, él habló conmigo sobre los riesgos y beneficios de la cisaprida. En el lado negativo, los potenciales efectos secundarios daban mucho miedo: arritmias cardíacas, taquicardia ventricular, insuficiencia cardíaca. El Dr. Nurko tendría que supervisar de cerca a Anna personalmente, lo cual significaba llevarla a su consulta en Boston cada ocho semanas para análisis de sangre, electrocardiograma, examen, y cualquier otra cosa que él sintiera que era necesaria. Nos dijeron que esas eran las severas reglas del medicamento "solo para uso compasivo". Sin excepciones.

En el lado positivo, la cisaprida era nuestra mejor esperanza para recuperar un equilibrio que le permitiera comer y digerir alimentos de verdad y vivir una vida seminormal.

"El especialista en Dallas estaba hablando de una colostomía", le dije. "Quería implantar un botón gastronómico en su estómago para administrarle alimentos y medicinas vía intravenosa".

"Deberíamos ser capaces de evitar eso", dijo él. "Es importante la mejor calidad de vida posible".

"¡Oh, estoy de acuerdo! Me alegra mucho oírle decir eso. Yo intenté decirles que no es suficiente con sobrevivir. Ella necesita una oportunidad de poder ser feliz".

"Sí, sí. Calidad de vida".

Después de mucho examen personal y hacer nuestras tareas, Kevin y yo decidimos dejar que el Dr. Nurko recetara cisaprida a Anna, aunque el compromiso económico y logístico a largo plazo era tan abrumador como saltar el Gran Cañón sobre una bicicleta. La carga económica comenzó a aumentar, pero nunca cuestionamos que estábamos haciendo lo correcto. El Dr. Nurko, y la cisaprida, se convirtieron en nuestro salvavidas, haciendo posible que Anna comiera su almuerzo en la escuela, se comiera unos bocados de pastel de cumpleaños, y disfrutara de una diminuta probada de "normalidad".

Me encanta ver las pegatinas para autos que celebran cosas como "¡Mi hijo va a Texas A&M!", o "¡Mi nieto está en el cuadro de honor!". Veremos que no hay pegatina que diga: "¡Mi hijo vive una vida relativamente normal gran parte del tiempo!". Pero debiera haberla. Sé que no somos los únicos que han aprendido a atesorar una buena noche de sueño, un paseo por el bosque, agacharse a la altura de un cachorro para jugar a las luchas con un perro feliz. El Dr. Nurko devolvió esas cosas a la vida de Anna. Nos devolvió a nosotros a Anna.

En los tres años siguientes, Anna y yo hicimos veinte viajes a Boston. Por lo general, nos quedábamos una noche y regresábamos, pero a veces el estado de Anna era lo bastante inestable como para tener que ser ingresada en el hospital. No queríamos estar allí, pero el Dr. Nurko hacía que pareciera manejable. "Ahora te haremos mejorar, Anna. ¿De acuerdo?".

Después del primer año, recibimos la fabulosa noticia de que el Dr. Anees Siddiqui, cuyo mentor había sido el Dr. Nurko, se había mudado a Austin y podría hacerse cargo de parte del seguimiento de Anna desde allí. La primera vez que lo vimos, él hizo un análisis que requería que supervisara constantemente a Anna para ver cómo reaccionaba su cuerpo a pequeñas cantidades de alimento y líquidos que se le administraban cuidadosamente durante el curso de unas doce horas.

"¿Ve usted algo? ¿Puede decir algo de eso?", yo le inundaba de preguntas cada vez que entraba por la puerta.

"Estamos obteniendo buena información", seguía asegurándome él.

No podía hablar conmigo de resultados mientras seguían llegando datos, y yo entendía eso, pero por otro lado el Dr. Siddiqui entendía por qué yo tenía que seguir preguntando, y ni una sola vez actuó como si yo fuera una molestia.

Nunca apresuró sus exámenes con Anna o menospreció sus preguntas. Fue obvio inmediatamente que el conocimiento que había obtenido del Dr. Nurko llegaba desde el estómago hasta la persona con el estómago, y más allá de eso hasta las personas que amaban a la persona con el estómago.

Aún teníamos que seguir viajando a Boston periódicamente para mantener el tratamiento con cisaprida de Anna, pero entremedias, el Dr. Siddiqui ayudaba a mantener en equilibrio el resto de sus medicinas. Eran un gran equipo. El Dr. Nurko era grande y bulliciosamente divertido; el Dr. Siddiqui era delgado y amable. Los dos eran sorprendentemente expertos y enormemente amables. Supongo que si pensáramos en el Dr. Nurko como el Navegador Lincoln de los gastroenterólogos, el Dr. Siddiqui sería el BMW Roadster.

Boston nos dio también otro gran regalo. En nuestro primer viaje, yo tenía miedo de ir allí sola con Annabel, de modo que mi hermana Angie alegremente tomó unos días libres en el trabajo y fue con nosotras. A mi dulce hermana le encanta absorber nuevas oportunidades y experiencias; si ella ve un modo de ayudar, aprender, crecer, o solamente ser parte de la escena, está ahí. Estábamos en el abarrotado restaurante del hotel la noche antes de nuestra cita con el Dr. Nurko, todas un poco nerviosas, y Annabel derramó por accidente su bebida. Nuestro ocupado camarero, claramente consternado, nos dio algunas servilletas del bar y nos dejó con la situación.

Mientras mi hermana y yo intentábamos meter otra vez el hielo en el vaso y limpiar lo mojado, oí un fuerte acento de Boston por encima de mi hombro.

"¡Ah, Dios mío, él no tiene hijos! No tiene ni idea de cómo limpiar un desastre".

Y con eso, Ángela Cimino, mitad bombón rubio, mitad buen samaritano, entró en nuestras vidas con un montón de servilletas de papel y uno de los corazones más grandes que he conocido jamás. Sus mejillas tenían un aspecto cálido e irritado por el viento, y podía decir por sus ojos que le encantaba reír. Cuando la mesa quedó limpia y Anna tenía otro Sprite, estábamos intercambiando historias de la vida. Mamá soltera con tres hijos, ella sabía algunas cosas sobre leche derramada, y como yo, no es el tipo de mujer que llora por eso.

A lo largo de los años hablamos mucho sobre la fe y la oración. Ángela se había criado como católica, pero la iglesia era un lugar donde ella no había ido en mucho tiempo y no estaba preparada para ir allí pronto. La oración era... bueno, ella había visto mucha oración con resultados mezclados. No pasaba mucho tiempo en eso en aquellos días. Ángela tenía preocupaciones prácticas, hacer las tareas del día, y en ese momento yo también. Era el único terreno común que necesitábamos para llegar a ser amigas rápidas.

"Bueno, no pueden quedarse sentadas", dijo Ángela como una verdadera sureña. "Tienen que ver parte de lo que hace que Boston sea un lugar realmente estupendo".

Kevin se quedó perplejo cuando le conté que habíamos ido con aquella desconocida (¡al día siguiente nos dimos cuenta de que habíamos olvidado mencionar nuestros nombres!) y que aquella persona poco usual había dejado a un lado su propia vida durante un día para llevarnos por toda la ciudad. Ángela y Anna fueron espíritus afines desde el principio, ratones de biblioteca de corazón, que quedaron fascinadas por el Freedom Trail, especialmente la casa de Paul Revere y la iglesia Old North donde estaban colgadas las linternas de advertencia. Durante los años siguientes, Ángela y su familia se convirtieron en parte de nuestra familia, y ella estuvo allí con nosotros durante muchos de aquellos viajes a Boston. Nos ayudó a utilizar el sistema de trenes, abrió su hogar para que tuviéramos un lugar donde reposar la cabeza y, lo más importante, siempre hacía sonreír a Anna. Ella nos dio una manera de esperar con ilusión aquellos viajes, que podrían haber sido ocasiones bastante sombrías.

Muchas personas han acudido a nuestro rescate a lo largo de los años. Los padres de Kevin, mis padres, nuestros hermanos y amigos, y nuestros compañeros guerreros de oración. Mis compañeros de secundaria juntaron fondos e hicieron una contribución desesperadamente necesaria a los fondos para medicinas de Anna. Nuestra iglesia nos proporcionó un santuario espiritual y una potente red de apoyo. Por cada personal médico que nos falló, o nos juzgó, o sencillamente no se interesó, hubo otros diez que fueron dedicados, compasivos, y restauraron nuestra fe. Es una maravilla cómo Dios nos usa como instrumentos de paz en las vidas de otros, si solamente estamos disponibles para dar y para recibir. Dar requiere energía y compromiso. Recibir requiere una gran cantidad de sobreponerse a uno mismo; a veces hay que tragarse el orgullo, soltar los controles, y simplemente ser agradecido cuando alguien te lanza una cuerda.

Mɪ corazón latía con el sonido de las hélices del helicóptero. Se oyó desde debajo de la escalera que Anna estaba ya solamente a poca distancia de la apertura de la gruta, colgando fuera del alcance de Mike. Anna no había dicho una palabra hasta que la subieron hasta ese punto, pero ahora estaba hablando. Tristan y Mike le hablaban de esto y de aquello, y ella estaba siendo la típica Anna. Calmada y amigable.

"De hecho, dijeron que ella estaba notablemente calmada", me dijo Kevin después. "Dijeron que era casi inquietante".

Con luces rojas y ámbar destellando, el camión Cleburne rodeó la curva y rebotó por el campo para unirse a los otros vehículos de emergencias. En un minuto, el equipo Briaroaks los tenían trabajando, preparando la escalera más alta y la polea que sacaría a Anna a la luz de la luna.

En lo alto del árbol, Mike hablaba con ella, intentando que participara para ver si lo que decía parecía coherente.

"Casi en casa, Anna. Estás casi en casa".

"Muy bien".

"¿Cómo estás, Annabel? ¿Vas bien?".

"Sí, gracias".

"Anna, háblame. Dime...oye, dime qué te gusta ver en la televisión".

"Me gusta Disney Channel".

"Disney Channel, ¿eh? Sí", dijo Mike. "Mi hija ve Disney Channel, creo. Creo que le gusta *Hannah Montana*. ¿Te gusta *Hannah Montana*?".

"Ese programa lo cancelaron hace un año", dijo Anna.

"Ah. Bien. Mmm. ¿Sabías eso, Tristan? ¿Qué cancelaron *Hannah Montana*?".

"Nos gusta H_2O: *Just Add Water* (H_2O: Solo añade agua), dijo Anna amigablemente. "Trata de tres chicas en Australia, y lo que pasa es que se convierten en sirenas cuando tocan el agua, y cuando Abbie, Adelynn y yo jugamos a H_2O en la piscina, yo siempre soy Cleo".

"Ah, ya veo. Muy bien. Anna, necesito que te quedes quieta solo un poco más. Quédate sentada quieta y no te muevas. Sé que ha pasado mucho tiempo, pero estamos esperando a que pongan en su lugar la otra escalera, y entonces te balancearemos para que salgas donde estoy yo. ¿Puedes quedarte ahí un poco más?".

"Claro".

Él siguió charlando con ella, pero durante la mayor parte, ella estaba colgada allí como si fuera un pequeño adorno del árbol de Navidad colgado de una cuerda hasta que finalmente colocaron la polea por encima del hombro de Mike. Desde abajo, yo observé cómo la sacaban de la gruta y la balanceaban hacia los brazos de él, y de mí salió un sonido que era en parte lloro, en parte risa, en parte salmo, algo que significaba *Annabel*, y *gloria a Dios*, y *gracias*, todo al mismo tiempo. Hubo un grito audible de las personas reunidas y otras personas que habían estado allí; ni siquiera sé quiénes estaban allí, pues estaba muy enfocada en Anna. Creo que algunos vecinos vieron las luces y se acercaron para ver qué sucedía. Uno de los compañeros de Kevin se acercó para ver por qué Kevin se había ido de la clínica tan abruptamente, y terminó quedándose hasta el final, echando un ojo a Adelynn y asegurándose de que estuviera seguramente rodeada y no bajo los pies de los rescatadores. Parecía como si la gruta estuviera llena de sombras móviles todo el tiempo en que estuvimos esperando, y en el momento en que ella salió a la luz, se llenó de aplausos y risas de profundo alivio y celebración.

"¡Anna, estamos aquí!". Kevin apuntó con una linterna por encima de nuestras cabezas, iluminando nuestras caras para que ella pudiera vernos. "¡Mamá y papá estamos aquí, Anna!".

Levantando la vista a las estrellas por encima del hombro de Mike, ella bostezó, inhalando lo más profundamente posible el aire limpio de la noche, y después se apartó un mechón fangoso de cabello y lo puso detrás de su oreja. Ese pequeño gesto nada remilgado es uno de los momentos que, por alguna razón, permanece particularmente cristalizado en mi mente. Lo sentí como el sonido de una pequeña campana de plata.

Ella está bien.

Capítulo siete

Oré al Señor, y él me respondió; me libró de
todos mis temores.

Salmo 34:4

En el momento en que los pies de Mike tocaron el suelo,
tomaron a Anna de sus brazos y la pusieron en una camilla
que la esperaba, y los paramédicos comenzaron a evaluarla.
Ella estaba sonriente y feliz cuando Kevin y yo corrimos
hasta ella, pero teníamos miedo a abrazarla, y no pudimos
acercarnos lo bastante para hacer nada más que tocar su
cara por un momento, su pierna por otro momento, diciéndole una y otra vez:

"Estamos aquí, Anna. Estamos aquí. Te queremos".

"Papá", dijo ella, "perdí tu linterna. Lo siento".

Kevin medio se rió. "Está bien, cariño, está bien. No me
importa".

Tras toda aquella espera, todo ese movimiento lento y
cuidadoso, se sintió como un tornado repentino de actividad con Anna en el ojo de la tormenta. Había muchas
manos sobre ella, estabilizando su cuello y cabeza, atándola
a la camilla, comprobando sus signos vitales. Pasos apresu-
rados crujían entre las hojas y palos secos, llevando la camilla hasta el helicóptero que esperaba.

Corriendo tras ellos, intenté darle sentido a las voces que oía, un enturbiado diálogo entre radios y figuras que avanzaban apresuradas por el oscuro campo.

"Centro de traumas…preparando quirófano…anticipación de lesión espinal…".

"…distensión abdominal severa…podríamos ver ruptura de bazo…".

"…de camino ahora…partimos en unos noventa segundos…".

"Abdomen gravemente distendido y duro al toque. Anna, ¿duele cuando presiono aquí?".

"Sí", dijo ella.

"¿Dónde más duele? ¿Me lo puedes mostrar?".

"Es como…en todas partes".

A medida que nos aproximábamos al perímetro del viento por las hélices del helicóptero, alguien se puso delante de nosotros y dijo:

"Mamá y papá. Necesitamos que uno de ustedes venga con nosotros. Solo uno".

Nos miramos el uno al otro, sabiendo inmediatamente todo lo que no era expresado. Vi en el rostro de Kevin que no quería perder de vista a Anna, no quería que nunca nada volviera a separarla de él, pero también sabía que ella querría tener a su mamá a su lado en el hospital. Él vio en mi rostro que yo necesitaba estar al lado de ella, pero me partía en dos tener que dejar a Abbie y Adelynn, quienes acababan de pasar por una experiencia horriblemente traumática.

La decisión se tomó sin intercambiar palabra y solo con un instante de vacilación.

"Yo iré", dije yo.

"Sí. Está bien". Kevin asintió con la cabeza. "Nos veremos allí".

Mientras la enfermera del vuelo aseguraba a Anna para el despegue, el paramédico me agarró del codo y me ayudó a situarme en la cabina al lado del piloto, disparando instrucciones mientras me abrochaba el cinturón.

"Señora, no toque nada, ¿de acuerdo? Es muy importante. No toque ninguna de las manillas, ni botones, ni nada. Cuando aterricemos, espere a que yo vaya a bajarla. Quédese quieta aquí hasta que la ayudemos a salir, ¿de acuerdo? Señora, ¿me está entendiendo?".

"Sí, señor", dije con poca expresividad. "Lo entiendo".

"Aquí tiene sus auriculares". Puso pesados auriculares en mi cabeza, situando el micrófono cerca de mi mejilla. "Podrá oír todo. Podrá oír a Anna, y ella podrá escucharla si usted le habla. La enfermera está a su lado". Antes de cerrar la puerta, sonrió y dijo: "No se preocupe, estaremos de nuevo en tierra antes de que se dé cuenta".

Yo asentí con la cabeza, rodeada de ruido: el martilleo de las hélices del helicóptero, el crujido del tráfico en la radio en los auriculares, el recorrido de mi propia sangre dentro de mi cabeza. El piloto comunicó nuestro estado y el tiempo estimado de llegada al centro de traumas en el hospital y a la enfermera y el paramédico que estaban a nuestras espaldas, y ellos se comunicaban con él. Yo no podía saber quién estaba hablando y cuándo.

"…hembra, nueve años de edad…".

"Estamos listos para salir, Fort Worth".

"Aproximadamente ochenta y cinco libras (38 kilos). Cuatro pies, cinco pulgadas (1,34 metros). Ningún traumatismo craneal obvio. El abdomen está distendido, rígido y tierno al palpar".

"CareFlite, estamos a la espera en trauma uno con equipo de lesión espinal y cerebral".

Lesión espinal y cerebral…

"Tienen que suponer lo peor", me había dicho Kevin cuando el helicóptero descendió en el campo. "Tienen que estar preparados para lo peor. Eso no significa que lo peor sea inevitable".

Yo me repetía eso a mí misma en aquel momento.

"Listos a la derecha".

"Listos a la izquierda".

"Paciente asegurado".

"Nariz derecha, cola izquierda… Fort Worth, despegamos".

Hubo un pequeño empujón y balanceo cuando despegamos de tierra. Cuando nos elevamos y la tierra se veía lejos, miré abajo a Kevin de pie allí, con un brazo sobre Adelynn y el otro sobre Abbie. Sus caras eran pequeñas y blanquecinas ante todas las luces de los vehículos de emergencias. La expresión de Kevin estaba marcada por una triste determinación a la que yo me había acostumbrado. Él quería estar con Anna, pero ahora ella estaba en manos capaces, e incluso si hubiera habido lugar para que fuéramos los dos, uno de nosotros tenía que quedarse en tierra con Adelynn y Abbie.

Contactando con todo mi corazón, miré hacia abajo al caos que se alejaba, y mantuve mi mirada fija en mi familia. Cada vez más diminutos. Desapareciendo. Ellos nos veían desaparecer a Anna y a mí del mismo modo, alejándonos hacia las estrellas por encima de nuestra casa. Kevin y yo habíamos desarrollado nuestro modo de operar: divide y conquista. Pero a veces yo sentía esa división como el filo de un escalpelo, y esa era una de esas veces. Sentía que una parte de mí misma se quedaba atrás en el oscuro pasto.

Nos habíamos acostumbrado a ello, hasta el grado en que una persona puede llegar a acostumbrarse a perder uno de sus miembros una y otra vez, pero me preguntaba si Abigail y Adelynn lo sentían como una elección que yo estaba haciendo: estar con Anna en lugar de estar con ellas. ¿Echarían la vista atrás y recordarían solamente que yo las dejaba una y otra vez? ¿Serían capaces de perdonarme?

"¿Dónde está mi mamá?", oí la voz de Anna por los auriculares. "No veo a mi mamá".

"Ella está a bordo con nosotros, Anna. Tu mamá está aquí".

"¿Señora?". El piloto tocó mi brazo y señaló a los auriculares. "Ella puede oírla si usted le habla. Adelante, y dígale algo".

Yo entendí eso. Y quería hablar con ella. Quería decir: *Estoy aquí, cariño. Mamá está aquí*, y mi cerebro gritaba: *¿Por qué no puedo decir algo? ¿Por qué no puedo consolar a mi hija?*

Las palabras simplemente no estaban. Ni siquiera podía forzarme a pronunciar las sencillas sílabas de su nombre. Me sentía tan helada y distante como la luna creciente que colgaba en el horizonte por debajo de mí.

"Tu mamá está aquí, Anna. Está ahí, al lado del piloto", decía la enfermera. "Annabel, no intentes girar la cabeza, cariño. Mantén la cabeza quieta".

"¿Por qué?".

"Queremos asegurarnos de que no tienes ningún hueso roto en el cuello, y por eso nos mantendremos muy quietos hasta que lleguemos al hospital, donde te harán rayos X y se asegurarán de que todo está bien, y entonces quitaremos los seguros".

"Bien", suspiró Anna. "Las luces son muy bonitas".

"Sentirás un pequeño pinchazo aquí, ¿de acuerdo, Annabel?".

"¿Me están poniendo una vía?".

"Sí. Lo siento".

"Ah, no pasa nada", dijo Anna amigablemente. "Solo tenía curiosidad. Me han pinchado y me han puesto vías un millón de veces desde que tenía seis años. Mamá me enseñó a alejar el dolor soplando hasta que se haya ido. Así…".

"Esa es una buena técnica", dijo la enfermera. "A veces las personas hiperventilan".

"Sí, aprendí algunos trucos. Como el de enredar el cordón de la presión sanguínea. Te sientes bien cuando doblas el brazo".

"¡Ah, ese es un buen truco! Pero no hagamos nada como eso ahora. Necesito que estés quieta, Annabel".

Las voces en la radio siguieron, un diálogo entre la enfermera y el centro de trauma que monitoreaba la presión sanguínea de Anna y su ritmo cardíaco. El estado del vuelo e instrucciones para el aterrizaje se intercambiaron entre el piloto y tierra. Yo me forcé a mí misma a enfocarme y respirar.

Esto está sucediendo realmente.

La zona metropolitana de Dallas-Fort Worth era una alfombra de luces debajo de nosotros. Un patrón de rascacielos y calles emergió a medida que entramos, volamos bajo en círculos, y aterrizamos en el tejado de Cook Children's: la única parte del centro médico que nunca habíamos visto. Sentí que el helicóptero se estabilizaba. En menos de un momento, se abrió una puerta en el extremo más alejado del tejado, y el equipo de trauma entró rápidamente al asfalto, corriendo con una camilla y equipo sobre ruedas. Rodearon a Anna, pasándola rápidamente a la camilla.

El piloto tomó mis auriculares y me dio bruscas instrucciones sobre cómo bajarme. Una ráfaga de frío viento me golpeó cuando el paramédico abrió mi puerta, y después yo también estaba en el asfalto, corriendo tras los médicos y enfermeras que ya se dirigían hacia la puerta abierta del tejado.

"¡Estoy aquí, Anna! ¡Mamá está aquí!".

Había encontrado mi paso. Había encontrado mi voz. Toda aquella situación tan extraña me había confundido momentáneamente, pero ahora estaba en terreno familiar. Yo sabía cómo estar en hospitales. Me puse a la altura del equipo de trauma y permanecí cerca del costado de Anna, quedándome atrás por un momento cuando ellos pasaron por la puerta a las luces brillantes.

"¡Un momento! ¡Esperen!", gritó ella. "¿Qué están haciendo?".

Una enfermera con unas tijeras abrió la parte delantera de la camiseta de Anna con un rápido movimiento.

"Cariño, tenemos que cortarla para poder ver dónde estás herida".

"Es una de mis camisetas favoritas", se quejó ella.

"Bien, está alerta".

"En general, no parece que esté mucho peor", dijo el médico de emergencias. "Jesús estaba con esta niña hoy. Nunca he visto a nadie caerse de cabeza desde esa altura sin sufrir graves lesiones espinales y craneales".

"Annabel, voy a presionar tu estómago aquí. ¿Te duele?".

"No, pero ¿está Dani aquí? Dani Dillard. ¿Pueden decirle que estoy aquí?".

"Dani no está aquí esta noche", dijo la enfermera, "pero yo soy su amiga. ¿Hay algo en lo que pueda ayudarte?".

"No importa", dijo Anna. Nunca podría haber sustituta de Dani.

Cables de monitores y tubos intravenosos rodeaban el cuerpo de Anna. Una enfermera rebuscó entre la corteza y la tierra que había en su cabello, buscando evidencia de una lesión craneal, mientras que otra evaluaba sus respuestas neurológicas.

"¿Puedes sentir mis golpecitos en tu rodilla, Annabel? Muy bien. ¿Y aquí? ¿Y aquí en tu tobillo? Déjame ver cómo mueves los dedos de tus pies, Annabel. Mueve esos dedos para que los vea".

Anna movió sus pies descalzos. Esa fue mi última imagen de ella mientras la llevaban por el pasillo para comenzar una oleada de resonancias magnéticas y escáneres.

Sus preciosos y sucios dedos de los pies moviéndose.

EN CUALQUIER DÍA DADO, Adelynn o Abigail podrían o no llevar zapatos puestos. Anna no. Ella era como su papá. Yo casi no salí con él cuando lo conocí en la universidad, porque iba casi siempre descalzo, y eso me parecía muy extraño. El defensa descalzo. Kevin era una flecha directa que amaba jugar al fútbol americano y hacía que sonara noble cuando hablaba de ello. Tenía cerebro de científico y alma de cuidador, y estaba totalmente comprometido con Dios y con la familia. También era estupendo ver su aspecto físico. Aún lo es. No aborrezco eso ni una pizca.

Enamorarnos, casarnos, tener a Abigail: todo fue muy fácil. Hacíamos lo que llega naturalmente. *Ser fructíferos y multiplicarnos*, ¿cierto? Ese es un modo muy hermoso y abundante de expresarlo. Tristemente, no siempre es tan fácil como suena. Después de que naciera Abbie, me quedé embarazada casi enseguida, pero perdí al bebé al poco de entrar en el segundo trimestre. Volví a quedarme embarazada y perdí al bebé a las ocho semanas. Las pruebas revelaron una anomalía en mi útero. Nos dijeron que no tendríamos problema para quedarme embarazada, pero nuestras probabilidades de llevar a buen término el embarazo eran aproximadamente de 50/50.

Confiando en la buena voluntad de Dios para nuestra pequeña familia, volvimos a intentarlo y tuvimos a Annabel. Su entrada en el mundo fue dinámica y única. La sacó su papá, que había sacado a incontables bebés de casi todas las especies, y estaba emocionado por la idea de traer a Annabel al mundo. Las cosas se pusieron intensas cuando el bebé se presentó con el cordón alrededor del cuello, pero no era nada que Kevin no pudiera manejar. Yo me sentí segura y completamente amada, y nació nuestra bebé de ojos azules. Le pusimos el nombre de Anna, por la profetisa anciana que vio al bebé Jesús en el templo y lo reconoció como el Mesías, más *bel* por hermosa.

Dos años después, cuando nació Adelynn, Kevin optó por dejar que esa tarea la realizara el obstetra. Con las complicaciones del nacimiento de Annabel, él tuvo que cambiar a modo médico; esta vez quería disfrutarlo como un momento único de papá.

Teníamos a nuestras tres preciosas niñas, la familia que habíamos esperado y por la que habíamos orado, pero en cinco años, yo estuve embarazada cinco veces. Cada aborto natural era como una bofetada emocional y hormonal al cuerpo. Cada bebé causaba puro gozo, pero juntamente con eso llegó todo el trabajo y la maravilla de la maternidad: falta de sueño, pañales, colada, preparar comida, y citas con el pediatra. Impulsada por el cuidado y las peleas de tres niñas revoltosas año tras año, mamá robot apareció para ocuparse de todo, y una pequeña parte de mí que batallaba fue empujada a un rincón oscuro.

Yo creía genuinamente que lo había procesado todo en el momento, y soy por naturaleza una persona feliz, pero mientras Adelynn era pequeña y estaba en preescolar, comencé a experimentar brotes de depresión y ansiedad. Tanto Kevin como yo quedamos asombrados y alarmados cuando un importante brote de depresión llegó de la nada, o así parecía, y me arrastró hacia el mar como si fueran aguas revueltas. Estábamos de camino a visitar a Nonny en Corpus Christi, pero en el viaje me sentí físicamente enferma y emocionalmente inmovilizada, lo cual fue inquietante para mí y les dio miedo a las niñas. Yo siempre había sido la dinámica súper mamá; de repente, no podía parar de temblar, no podía pensar ni organizarme.

Gracias a Dios por Nonny, que pasó a modo mega-Nonny y se ocupó de mí y controló a las niñas durante ese viaje. Me amó. Nunca me juzgó. Tan solo me ayudó a atravesar la situación. Ella hizo mucho más de lo que debería esperarse que hiciera una mujer de ochenta años; yo me sentía terriblemente culpable y agradecida. Fue uno de los muchos momentos en mi vida en que estaba agradecida por las potentes mujeres que rodean a mis hijas, incluidas las matriarcas de la familia de Kevin: Gran Jan, Nonny y Mimi.

Las cosas empeoraron antes de mejorar; en cierto momento, yo descendí hasta ese agujero tan profundo en mi alma. No quería morir, pero el dolor y la ansiedad eran demasiado para poder vivir con ello; razón por la cual entendí muy bien el deseo de Annabel de dejarlo todo atrás y estar con Jesús. Cuando miro hacia atrás, intentando encontrar algún significado en toda aquella experiencia, intentando rastrear su hilo en el gran tapiz de la vida, lo único que encuentro es la idea de que quizá Dios me estaba preparando a mí también, vaciándome como al árbol, prestándome el interior abierto y el instinto de regresar a casa del gran pez de Jonás, de modo que tuviera la capacidad de sostener a Anna y llevarla donde necesitaba ir.

Esta es una versión muy corta de una historia muy larga, pero probablemente conocerá el resto: consejería, medicamentos, y el hecho de que la vida sigue forzando a la persona a marchar por ese valle de sombras. Y hay muchas personas en esa marcha. Yo no estaba sola. Y si usted está en ese lugar, tan solo quiero que sepa: tampoco usted está solo.

Finalmente, mientras oraba para que Dios me diera la energía imparable de Nonny, el amor constante de Mimi y la fe inquebrantable de Gran Jan, tuve que encontrar mi propia manera de ser madre, mi propio camino en la vida. Salí del paso y seguí adelante, esperando que mis hijas vieran que una mujer puede seguir con energía y siendo fiel y amorosa, incluso si tropieza y se cae de vez en cuando. Parece que una vida plenamente vivida va a ser un poco parecida a una montaña rusa, y no como un vehículo que circula por raíles y que te lleva de un lado a otro dando vueltas dentro de un círculo seguro. Yo quiero que mis hijas sepan eso.

Hay un cartel de madera en el lavabo de nuestra casa que dice: "TE QUIERO MÁS": "La vida NO debería ser un viaje a la tumba con la intención de llegar seguramente con un cuerpo atractivo y bien preservado, sino más bien derrapando, con chocolate en una mano y una bebida en la otra, con el cuerpo muy usado, totalmente desgastado, y gritando: ¡Increíble! ¡Vaya viaje!'".

El fallecimiento de Mimi fue el fin de una era, pero

ninguna tragedia. Cuando les dijimos a las niñas que ella se había ido, sabíamos que les romperíamos el corazón. Todos la extrañaríamos terriblemente, pero Mimi era un regalo tan grande para las personas a las que amaba y que la amaban, que nos dejó abrumados de gratitud.

"Es causa de alegría", les dije a las niñas. "Ella vivió una vida larga y maravillosa, llena de diversión, de amor y de risas. Ahora está con su Salvador en el cielo, cantando con los ángeles para siempre, y nos reuniremos con ella allí algún día".

Yo prefería la idea de que ella estaba allí esperándonos, preparando una cena estupenda de domingo para toda la familia y con un ojo sobre nosotros mientras tanto.

CUANDO LAS LUCES DEL helicóptero de CareFlite desaparecieron en la noche, Kevin se quedó en el campo con Abbie y Adelynn. Alrededor de ellos, el equipo de rescate estaba recogiendo su equipamiento, felicitándose y hablando de ir a comer algo. Mike estaba sentado en la parte trasera del camión con una botella de agua, profundamente agotado, pero se puso de pie y dio un apretón de manos a Kevin cuando Kevin y las niñas iban de regreso a la casa. Mi amiga Debbie estaba allí momentos después, lavando platos con una energía nerviosa, asegurándose de que las niñas comieran y se bañaran antes de irse a la cama.

"Tengo que ir a ver cómo están Anna y mamá", les dijo Kevin. "Quédense aquí con Debbie, y mamá estará en casa cuando se despierten".

"Yo esperaré despierta", dijo Abbie. "Dile a Anna que la espero despierta".

"Yo también", dijo Adelynn, aunque ya estaba bostezando.

Kevin no vio la necesidad de discutir con ellas, incluso

si hubiera tenido la energía para hacerlo. Antes de dirigirse al hospital, se aseguró de que estuvieran calmadas y arropadas para la larga espera, esperando en el sofá con Debbie, y llegó justo a tiempo para estar con Anna cuando la llevaban a hacerle un escáner cerebral. Por primera vez desde que comenzó toda aquella situación ella estaba llorando, sin querer entrar en espacio pequeño y enclaustrado dentro del escáner.

"¿Podemos quedarnos con ella?", pregunté yo. "Quizá si pudiéramos estar en la habitación".

Con Kevin hablando con su voz grave y consoladora, y yo acariciando su pierna, ella estaba tumbada y quieta cuando la metieron en el tubo. Cuando salió, la pusieron en una cama y dejaron libre su cabeza, pero una de las enfermeras de emergencias se quedó allí, acariciando suavemente la cabeza de Anna hasta que llegaron todos los informes de radiología que confirmaban que no había lesión espinal.

Era bien pasada la medianoche cuando el médico de emergencias nos llamó de nuevo a la pequeña sala que tenía papel tapiz blanco. La sala de las malas noticias. Llevábamos puestas nuestras corazas de armadillo. Acabábamos de sacarla del hospital en Boston y temíamos tener que hacerla regresar a ese estado emocional lúgubre que la atenazó mientras estábamos allí.

El médico de urgencias nos dijo lo único que no estábamos listos para escuchar.

"Básicamente, ella está bien", nos dijo. "Hicimos una evaluación completa. Todo está normal hasta ahora. No hay fracturas, ni necesidad de darle puntos. El escáner y los rayos X mostraron el bazo y otros órganos internos intactos y sin daño. Además de una posible contusión y algunos bultos y heridas superficiales, no parece haber sufrido ningún daño".

"Pero…¿cómo es eso incluso posible?", pregunté.

"Me gustaría saberlo. Nunca he visto a un niño caer desde una altura de un tercer piso y no tener al menos un par de huesos rotos. No sería sorprendente ver parálisis, lesión cerebral catastrófica, e incluso la muerte". Abrió sus manos en un gesto amplio. "Supongo que alguien allí arriba estaba cuidando de ella".

Kevin y yo intercambiamos una mirada de puro asombro. Podríamos habernos reído un poco, no lo recuerdo exactamente.

"No me gustó meterla en el escáner", nos dijo el médico. "Puede dar sensación de claustrofobia incluso si uno no ha estado atrapado en el interior de un árbol durante tres horas y media. Pero ella se portó excepcionalmente bien en todo. Parecía muy tranquila y amigable. Yo diría que incluso parecía *feliz*. Vivaz. Alerta. Y noto que la distensión en su abdomen casi ha desaparecido".

Eso ya lo sabía yo. El vientre de Anna había estado gravemente hinchado y rígido al toque cuando la llevaron. Ella seguía sufriendo los agudos problemas que la habían llevado al hospital en Boston unos días antes, y ahora habíamos pasado con diferencia la hora de su medicación, pero mientras las enfermeras y yo le dábamos un suave baño en la cama, limpiando el barro de su cuello y quitándole la tierra y los pedacitos de corteza del cabello, su pequeño estómago parecía estar deshinchándose delante de nuestros propios ojos.

Querían mantenerla en observación durante la noche, en particular debido a la contusión.

"Pero tengo una sensación optimista con precaución", dijo

el médico. "Debería estar lista para regresar a casa en unos días".

Nos dejó con nuestra rutina hospitalaria ya familiar. Con Anna dormida, Kevin y yo hablamos tranquilamente durante un rato.

"Siento que hemos esquivado una bala", dijo él. "Christy, esto podría haber sido mucho peor, y me refiero a *mucho peor*. Los técnicos de emergencias estaban diciendo que se podía ver la tierra amontonada sobre su cabeza. Ella cayó y se golpeó primero con la cabeza. Y un árbol hueco como ese...es un ecosistema completo. ¿Qué probabilidades hay de que el árbol esté ahí de pie y vacío? Uno esperaría que en el fondo hubiera un mapache, o zorrillos, u otros animales, una colmena más arriba, murciélagos en las grietas, y abajo uno esperaría cucarachas, hormigas o escorpiones como mínimo. Y sé que he visto serpientes ahí fuera, arañas venenosas, escorpiones...".

"Sí. Ya me hago idea".

"Imagina lo que hubiera sucedido si hubiera se hubiera caído ahí dentro cuando trepaba ella sola. Si Abbie y Adelynn no hubieran estado ahí. Mira, si un niño desaparece, la gente hace todas las llamadas y se pone en movimiento la alerta naranja. La búsqueda continúa durante un tiempo, y entonces...", hizo un gesto con las manos como si algo desapareciera en el aire. "El último lugar donde alguien pensaría en buscar a un niño sería *dentro de un árbol*. Nunca más verían a ese niño. Nadie sabría jamás lo que le sucedió".

"Por favor". Me cubrí la cara con las manos. "Kevin, por favor. ¿De acuerdo? Ni siquiera puedo pensar en eso ahora. Todo el mundo no deja de decir que Jesús estuvo con ella, y esa es la imagen que prefiero tener en mi cabeza en este momento".

No podía soportar pensar en todas las maneras en que aquello podía haber sido tortuoso, o fatal, para Anna. Yo no estaba preparada para ir hasta ahí en ese momento. Al pensar en ello más adelante, me consolaba con la idea de que Cypress y el comité de bienvenida habían estado con ella en el bosque. Ellos lo habrían sabido, y nos lo habrían comunicado a nosotros como la perra Lassie en *Lassie regresa a casa*. Pero nunca he sido capaz realmente de seguir todos esos pensamientos de "podría haber sido peor si..." más de lo que podía permitirme a mí misma seguir todos los pensamientos de "podría haber sido mejor si..." cuando volvía a pensar en todos los momentos y decisiones cruciales del tratamiento de Anna. Tenía que dejar a un lado todos esos caminos no tomados, las posibilidades buenas y malas, y confiar en que la mano de Dios estuvo sobre ella en todo momento.

Mientras me preparaba para salir, Kevin se quedó a la espera del siguiente turno, sentado en una silla de plástico mientras esperaban largas horas a que le asignaran una habitación.

Llegué a casa alrededor de las tres de la mañana y entré con cuidado para ver a Abbie y Adelynn antes de permitir que Debbie me abrazara durante unos minutos.

"Intentaron esperarte despierta", me dijo, quitándose el sueño de sus ojos. "Y yo también. Debes de estar agotada, muchacha".

Cuando ella se fue, me metí en la ducha caliente, débil por la fatiga y por sentirme abrumada, con una letanía de *gracias, gracias, gracias* rebotando de un lado al otro de mi mente con un balón hinchable gigante que decía: *¿qué acaba de suceder?*

Sentí muy extraño ver los montones de ropa aún apilados sobre mi cama, porque parecía que hacía cien años que yo había estado allí colocándolo todo en los montones correspondientes. Lo moví a un lado y me tumbé, pero no me dormí. Mi mente aún estaba repasando la lista de cosas que tendría que hacer cuando me levantara dos horas después. Agarrar ropa limpia para Kevin. Preparar una bolsa para Anna con libros, música, sus actividades favoritas para el hospital, y ropa cómoda que permitiera acomodar la vía intravenosa. Comenzar a hacer llamadas para encontrar hogares donde se quedaran Abbie y Adelynn.

Me di cuenta de que era Nochevieja. La gente tendría planes. Eso podría ser un problema además de lo decepcionadas que estarían las niñas porque nuestros propios planes quedaran cancelados ahora y porque no estaríamos con el resto de la familia en casa de Nonny. Aun así, estaba contenta de cambiar de calendario y decir adiós al año 2011. Con esperanza, estaríamos cambiando para mejor.

Capítulo ocho

Ustedes vivirán con gozo y paz. Los montes y las colinas se pondrán a cantar y los árboles de los campos aplaudirán.

Isaías 55:12

EL DESPERTADOR ME HIZO saltar tras un breve sueñecito. No sé qué soñé, pero no había tiempo para pensarlo entonces. El pobre Kevin seguía con la ropa quirúrgica que llevaba puesta cuando trepó al árbol la noche anterior. Necesitaba regresar a casa y dormir un poco, y yo tenía su camioneta porque en mi viaje al hospital el vehículo estaba estacionado en la azotea.

Sintiendo rigidez y hambre, me puse la ropa y fui descalza por el pasillo al cuarto de Adelynn. Ella estaba completamente agotada y no se dio cuenta cuando me incliné y le di un beso en la cabeza. Fui al cuarto de Abbie y me senté en el borde de su cama.

"¿Abbie?", susurré acariciando su cabello color maíz. "Abigail, despierta y habla conmigo un segundo".

Sus ojos aletearon un poco, y después se abrieron. "¿Está bien ella?".

"Sí, bien", le dije. "Ella está bien. ¿Estás bien tú?".

Abbie asintió con la cabeza.

"El Señor la estuvo cuidando. Nos estuvo cuidando a todos nosotros".

"Mamá…".

"Lo sé, cariño. Lo sé. Pero todo está bien ahora, ¿de acuerdo?".

Ella volvió a asentir.

"Hablaremos más tarde", dije. "Ahora tengo que regresar al hospital para que papá pueda venir a casa y dormir un poco. No quería que te despertaras y vieras que me había ido. Adelynn está dormida aún. Papá estará en casa enseguida. ¿Estarás bien durante una hora más o menos?".

"Claro", dijo Abbie, un poco indignada. Ella tenía doce años y había terminado su certificación de Cruz Roja para ser niñera ese verano. Personas en la iglesia ya me estaban preguntando cuándo estaría ella disponible para comenzar a trabajar para ellas, pero yo no llegaba a estar lista para aceptar que estuviera creciendo tan rápidamente.

"Mamá". Dio un suspiro de sufrida preadolescente. "Estaremos bien".

"Llámame cuando te despiertes. Le diré a papá que haga tortitas para el desayuno".

Abbie levantó la mirada y se quejó. "Cuando tú no estás aquí no comemos, y a él no le importa".

"Ah, vamos. Eso no es cierto". Me mordí los labios, dándome cuenta de que algún día tendríamos que comprarle a esta muchacha un auto semidecente para compensar todo eso. "Cereales con un plátano es mucho más sano para ustedes, de todos modos".

Abbie musitó algo afirmativo y se acurrucó de nuevo entre las mantas.

"Te quiero". Le di un beso en la sien y soplé un sonido de trompetilla en su mejilla.

Necesité unos diez minutos para meter apresuradamente en bolsas un cambio de ropa para Kevin y todo lo que Anna necesitaría para otra estancia hospitalaria. En menos de una hora, iba recorriendo el ya familiar vestíbulo en Cook Children's. Cuando llegué a la habitación designada, hice una pausa en el pasillo fuera de la puerta, escuchando a Anna contarle a Kevin con gran animación su viaje en helicóptero.

"...y lo que me enojó tanto fue que la señora no me dejaba mirar a las luces. No dejaba de decir: 'No muevas el cuello, porque podría estar roto', y yo pensaba: si puedo mover el cuello es que no está roto, así que intentaba mover los ojos para ver las luces de la ciudad. ¡Era muy bonito! ¡Estaba tan enojada que no podía ver! Y entonces llegamos a la azotea, y ellos cortaron mi camiseta. ¿La que se abrochaba con cremallera como si fuera una chaqueta? ¿Con una mariposa brillante? Y yo pensé: ¡noooooo! Me pongo esa camiseta cada día".

"Dijeron que estabas muy tranquila y cooperabas", dijo Kevin. "Eso es lo que dijeron los bomberos también. Dijeron que fuiste muy valiente. Estoy realmente orgulloso de ti, muñeca".

"Bueno, supongo que molestar tan solo empeoraría la situación", dijo Anna como la súper niña. Sus ojos se iluminaron cuando me vio en la puerta. "¡Mami!".

"Hola a los dos". Entré y los abracé a ambos, con las bolsas aún en mis manos.

"¿Le has traído ropa?", preguntó Kevin. "Estamos listos para irnos de aquí".

"¿Qué?", dije con incredulidad.

"Podemos estar en la carretera en una hora y llegar a Corpus para la cena".

"Kevin... no puedes decirlo en serio".

Puse las bolsas a los pies de la cama en la que Anna ya estaba moviéndose de la emoción. No podía recordar la última vez que la había visto tan vivaz y llena de energía.

"¿Dijeron que ella estaba bien para darle el alta?", pregunté.

"No exactamente", respondió él, "pero no pueden encontrar nada sospechoso en ella, y la tienen aquí como precaución. Christy, no hay nada que puedan hacer por ella aquí que no podamos hacer nosotros en casa; o en casa de Nonny".

Yo le miré, desconcertada. "No sé qué decir".

"Di Feliz Año Nuevo". Sonrió. "Ella está bien. Estamos bien. Ir a casa de Nonny como habíamos planeado, eso va a ser lo mejor para ella. Y también para Abbie y Adelynn. Me cambiaré y les haré una llamada mientras preparas a Anna para irnos. Dijeron que regresarían con los papeles". Kevin agarró su bolsa de viaje y me dio un rápido beso. "Confía en mí. Esto es lo mejor para todos".

Basándome en todo lo que había visto en Boston y desde entonces, tuve que estar de acuerdo con él. Los ánimos de Anna se habían hundido cuando fue ingresada en el hospital en Boston, y no se me ocurría nada más peligroso que permitir que se deslizara otra vez a ese pantano emocional, especialmente porque parecía estar perfectamente sana en ese momento. (Otra alegría de pegatina de autos para padres de un niño enfermo crónico: "¡Mi hijo parece estar perfectamente sano en este momento!"). Era difícil argumentar con la idea de que lo que nuestra familia necesitaba en ese momento era un buen abrazo del amor inmenso de Nonny.

El médico que nos atendió tuvo que estar de acuerdo también, y a regañadientes firmó su alta. Sencillamente no había ningún motivo obvio para no hacerlo, excepto la teoría de libro de texto de que ningún niño posiblemente podría salir de esa situación con heridas y rasguños superficiales.

Anna se vistió, negándose a que yo la ayudara, y Kevin y ella bromeaban, fingiendo que él la estaba liberando de la cárcel, hasta que llegó la enfermera con los documentos para que pudiera irse.

"No tenemos en realidad ningunas instrucciones sobre cuidados", dijo. "Vigilen cualquier señal neurológica. Quizá tómenlo hoy con calma. Nada de trepar por un árbol", añadió con ironía, dando un golpecito en la nariz a Anna. "Básicamente, ella está en boca de todo el hospital. Estamos sorprendidos de que se vaya así. Tuviste allí a un gran ángel guardián, muchacha".

Una hora después, estábamos de camino por la I-35, dirigiéndonos al sur hacia Temple y Austin. La primera hora del viaje no es muy pintoresca en invierno. El centro de Texas tiene su marca propia de belleza, pero hay que buscarla. Principalmente se ven grandes extensiones de hierba color marrón y bajas colinas con el pueblo diminuto adicional. Granjas y gasolineras abandonadas indican tiempos mejores ya pasados. Hay carteles que muestran cuántas millas faltan para la siguiente zona de descanso Buc-ee´s, donde venden Buc-ee´s Beaver Nuggets, Loco Cheese y Meat Dip, y un café que se necesita desesperadamente.

Hemos hecho el viaje de seis horas hasta la casa de Nonny tantas veces desde que se mudó a Corpus Christi, que las niñas tienen sus paradas favoritas que esperan que lleguen. Yo estoy a favor de detenernos donde tengan los aseos más limpios. Ellas, donde tengan la mejor selección de helados. Kevin está atento para ver qué gasolinera tiene los precios más bajos. Por lo general hay una atmósfera bastante festiva en la camioneta. Hacemos juegos y cantamos junto con la radio. Este día era diferente.

Abbie y Adelynn estaban emocionadas porque después de todo, nuestro plan de celebrar el Año Nuevo en casa de Nonny seguía adelante, pero aún estaban destrozadas por haber estado levantadas hasta tan tarde. Cuando estuvimos en carretera, se acurrucaron sobre almohadas y mantas y se durmieron. Yo iba en el asiento delantero del medio, porque así es como vamos, Kevin y yo, desde nuestros días de universidad: nos sentamos en el mismo lado de la mesa en Denny´s, y viajamos por la carretera como un conductor con dos cabezas en el asiento delantero de la camioneta *pickup*.

Llevaba a Anna delante con nosotros. Ella iba sentada al lado de la ventanilla, observando tranquilamente los tractores "dieciocho ruedas", postes telefónicos, y diminutos pueblos ocasionales que pasaban. Yo tenía la mano sobre su rodilla y mi cabeza sobre el hombro de Kevin. No quería dormitar, sabiendo lo poco que él había dormido; tan solo quería seguir sentada allí y escuchar el sonido del motor diésel.

"¿Mamá?". Anna apartó la cabeza de la ventanilla y me miró.

"¿Sí, cariño?".

"Mira...fui al cielo cuando estaba en ese árbol".

"Ah", levanté la cabeza, sin estar segura de cómo responder. "¿De veras?".

"Sí". Asintió con la cabeza, con su carita muy seria. "Me senté en el regazo de Jesús".

Kevin levantó la barbilla en dirección a nosotras, pero no dijo nada. Yo vi en los ojos de Anna la decisión consciente de confiar en nosotros. No había dramatismo alguno, pero ella tampoco estaba jugando. Escogió sus palabras como si fueran crayones de una caja, describiendo parte de lo que había experimentado mientras estaba en el interior del árbol. Que las puertas del cielo están hechas de oro, que Jesús le dijo que aún no era el momento, que ella tenía que regresar y que no podía ver a las "criaturas".

Cuando Jesús le dijo que Él enviaría a su ángel guardián, Annabel explicó:

"Entonces comencé como a despertar en el árbol, y podía oír las voces de los bomberos muy, muy arriba, gritándome que levantara la mano. Y vi a un ángel que se veía muy pequeño, como un hada, y cada vez era más claro. Y entonces Dios me hizo un guiño mediante el cuerpo del ángel. Y lo que Él me estaba diciendo era: 'Ahora voy a dejarte, y todo va a salir bien'. Y entonces el ángel se volvió sólido otra vez y se quedó conmigo todo el tiempo, proyectando una luz para que pudiera ver. No hablamos. Solo estábamos sentados juntos...pacíficamente".

El tono de voz de Anna era relajado y directo. El terreno plano de Texas pasaba por encima de su hombro.

"Ah, ¡y vi a Mimi!", dijo alegremente, como si la hubiera visto en la iglesia el domingo. "Casi no la reconocí, pero era la cara de Mimi. Eso captó mi atención. La misma cara hermosa de viejas fotografías pero también en mi memoria. Y vi a una niña pequeña en el cielo que se veía exactamente como tú y Abbie mezcladas, y me quedé mirando a la niña y pensando: he visto esa cara antes, y finalmente le pregunté a Dios quién era esa niña, y Él dijo que era mi hermana".

La mano de Kevin encontró la mía. Yo entrelacé mis dedos con los de él y apreté, pero no me aparté de la franca mirada de Anna.

Ella me sonrió. Yo le sonreí. Ella regresó a su tranquila observación del paisaje por la ventanilla del acompañante. Kevin y yo nos miramos, y entonces dirigimos nuestros ojos a la carretera que teníamos por delante. Ninguno de nosotros tenía palabras que decir, pero Anna no parecía estar a la espera de ningún tipo de respuesta por nuestra parte. Yo no sentí tensión en la cabina de la camioneta; sentí la extraña combinación de paz en el centro de mi ser mientras un escalofrío me recorría la espalda.

Naturalmente, estaba el impulso de tocar su frente por si tenía fiebre, preguntarle por detalles, hacerle preguntas... o solamente acercarla a mis brazos y abrazarla. Todo eso parecía igualmente apropiado e inapropiado al mismo tiempo. El interés primordial y principal, desde luego, era que nos estuviera mostrando alguna indicación de lesión en la cabeza, pero acababan de hacerle una batería de pruebas y escáneres que comenzaron con la suposición de que estaba herida: "pensar en cebras" se trastocó. Concluyeron que ella no tenía heridas de gravedad. "Posiblemente una ligera contusión", dijeron.

Recorrimos otro largo trecho de carretera de Texas mientras yo seguía allí sentada intentando entender lo que ella nos estaba diciendo, lo cual era como intentar entender el significado literal de *Annabel está en el árbol*. No había ninguna indicación de "vamos a fingir" en el modo en que ella habló de su experiencia, y en realidad no lo había dicho para que lo discutiéramos, tan solo como algo que había decidido compartir. Yo no sabía qué hacer con todo eso, pero sentí la importancia que tenía, y discretamente utilicé mi teléfono para enviarme algunas notas a mí misma. Quería recordar exactamente lo que ella decía.

Todo lo que ella dijo estaba en consonancia con las

creencias que sosteníamos: la fe cristiana en la cual Anna y sus hermanas fueron educadas. En el contexto de esa fe, no había nada extraño en que las oraciones de una niña fueran respondidas, aunque no de la manera en que ninguno de nosotros esperaba, y nada imposible acerca de lo que ella nos estaba diciendo.

Para Dios todo es posible, dijo Jesús en el Evangelio de Mateo, pero ¿no nos inclinamos a querer esa promesa en una caja tamaño prueba? Todo eso de que *sobrepasa todo entendimiento*, ¡eso es muy desconcertante! A lo largo de los siglos, la Iglesia cristiana ha sido muy buena a la hora de establecer reglas a las que podamos adherirnos, límites que están claramente definidos. Anna no nos estaba diciendo que había cruzado ese límite; nos estaba diciendo que el límite no existe. Eso es mucho para asimilar mientras vas por la autopista entre un hospital infantil y los Beaver Nuggets de Bucee's.

Yo me crié en la tradición bautista del sur. Papá era diácono en la iglesia y se aseguró de que estuviéramos allí cada domingo en la mañana y en la tarde. Orábamos sinceramente, pero a distancia de seguridad. Kevin se crió en una tradición más carismática: fundamentalmente las mismas creencias, pero una manera mucho menos reservada de expresar alabanza y ofrecer peticiones de oración. Las buenas personas en la iglesia de P Paw y Gran Jam habían orado mucho por Anna. Oraron por sanidad, y esa sanidad no se produjo. Decir que nuestra fe había sido probada en los últimos años, eso es como decir que una cuerda es "probada" cuando está deshilachada hasta su último hilo.

Kevin ha pasado por un viaje muy arduo como esposo y padre; siempre el cabeza de familia, el cumplidor de promesas, el hombre muy bueno. Personas le han dicho que tiene la paciencia de Job; pero yo creo que es importante recordar que Job llegó a estar muy frustrado a veces. Personas intentaron culparlo de sus propios problemas, diciendo: "Bueno, si tu fe fuera lo bastante fuerte, Dios te protegería", pero eso es tan solo algo que dicen las personas para protegerse a sí mismas, para separarse de los problemas de otras personas. "Si tu fe es lo bastante fuerte, ella será sanada". Si he oído eso una vez, lo he oído cien veces. El problema es que cuando alguien te dice eso, no te está pidiendo que pongas fe en el poder de Dios; te está pidiendo que pongas fe en el poder de tu propia fe. Y ni siquiera puedo fingir que mi fe como un grano de mostaza está a la altura de las promesas de Dios.

Cuando Abbie y Adelynn se despertaron, nos detuvimos a poner gasolina y a comer algo, y de ahí en adelante el viaje fue la alegre fiesta a la que estábamos acostumbrados: juegos, canciones, travesuras, e intentar conseguir que los camioneros hicieran sonar su claxon. Annabel me dice que ella siempre piensa en Nonny cuando oye a Taylor Swift cantando "Ours", porque la estaban poniendo ese día en la radio. Kevin subió el volumen, y todos cantamos con ella, una sesión familiar improvisada mientras recorríamos Ocean Drive y llegamos al bloque de apartamentos de Nonny al lado del agua.

Ese era el tipo de agradable mediodía que Nonny imaginó cuando compró ese lugar: palmeras moviéndose por la ligera brisa, aves volando a la luz del sol sobre el Golfo de México, las nubes suficientes para prometer una puesta de sol espectacular. Las niñas no podían esperar a quitarse los zapatos y correr hacia la playa rocosa.

"Por favor", les grité, "¡*por favor*, tengan cuidado!".

Dentro, Nonny ya estaba preparando su tradicional

festín de Año Nuevo. Todos estaban contentos de vernos y querían escuchar cada detalle de la locura que había comenzado menos de veinticuatro horas antes. Yo esperé hasta que Gran Jan y yo estuvimos solas en la cocina para contarle lo que Anna nos había dicho en la camioneta de camino. Gran Jan escuchó con los ojos muy abiertos y el corazón muy abierto. Lo recibió como una niña, totalmente por fe, sin cuestionar nunca. A medida que seguimos relatando la historia, privadamente al principio y después más públicamente, no recuerdo a ningún otro que lo oyera del modo en que lo hizo ella. Nunca olvidaré eso.

"Cuando Él le dijo eso", dijo Gran Jan, "cuando Él dijo que todo estaría bien en ella, entonces...eso significa que está *sanada*".

Desde luego, Gran Jan fue la primera que tuvo la valentía de pronunciar la palabra, pero yo no estaba preparada para oírla.

"Bueno, supongo que se podría interpretar de ese modo", dije yo, "pero yo lo tomé más como...en el sentido inmediato. Es increíble que ella saliera sana y salva de eso, ¿sabes? Todos, los que llegaron primero, los médicos en urgencias, la enfermera en el vuelo, tenían la seguridad de que tendría algún tipo de lesión de espalda. Uno de ellos incluso dijo: 'Jesús estaba con ella'. Pero Gran Jan, no le demos esperanzas con respecto al resto".

Ella no iba a ser movida. Estaba rebosante de gozo, abrumada, alabando a Dios. Yo aborrecía ser como Tomás el dudoso, pero no estaba preparada para llegar hasta eso, y tampoco lo estaba Kevin. Teníamos nuestras corazas de armadillo, y lo más importante, no queríamos que Anna se preparara para un terrible desengaño.

"Ni siquiera puedo pensar cómo funcionaría eso", me dijo

él esa noche. "A nivel médico, fisiológico...intento pensar qué significaría eso".

Sentados en un sofá en la sala, mirábamos el Golfo por el balcón. Las niñas habían llegado al caer el crepúsculo. Yo podía oír a los primos riendo y jugando en el pasillo.

"¿Crees que ella realmente fue allí?", pregunté.

"Creo que ella lo cree", respondió Kevin. Pero entonces dijo con certeza: "Sí. Lo creo".

"Yo también".

Nos quedamos allí sentados por un momento sin saber bien qué hacer con aquello.

"Supongo que tan solo la dejamos que digiera toda la experiencia a su propia manera", continuó él.

"Estoy de acuerdo. Escuchamos si ella quiere volver a hablar de eso. No le pedimos detalles ni ponemos en su cabeza ninguna de nuestras propias ideas. Lo único que importa ahora es que ella está bien, y debemos tomarlo día a...".

"*¡Anna!*".

Antes de llegar a ver lo que él estaba viendo, Kevin se levantó del sofá y estaba fuera en el balcón, donde Annabel iba andando tranquilamente a lo largo del barandal como si fuera una cuerda floja tres pisos por encima del pavimento del patio. En menos de un instante, él la había rodeado por la cintura con su brazo y la había apartado del barandal dándole un abrazo de oso. Agarrándola apoyada en su pecho, él entró y cerró la puerta mientras yo estaba de pie paralizada delante del sofá, susurrando su nombre, con una mano sobre mi estremecido corazón y la otra cubriendo el nudo que tenía en el estómago.

Kevin la bajó y la agarró de los hombros, haciendo que le mirara a la cara.

"¡Anna! Pero…pero ¿qué estabas…? ¿En qué estabas pensando? ¿Por qué has hecho eso?".

"Solo estaba jugando". Anna intentaba zafarse, pero él la sujetó con rapidez.

"Nunca más vuelvas a hacer eso".

"Sí, señor", dijo ella, evitando su mirada.

"*Nunca.* ¿Me entiendes?".

"Sí, lo entiendo", respondió ella, como si estuviera perpleja porque alguien pudiera dar tanta importancia a algo tan pequeño. Lo dijo del modo en que Abbie y sus amigas habían comenzado recientemente a decir las palabras "*como quieras*" como una respuesta exasperada a casi cualquier cosa.

"Anna", me las arreglé para decir, "ve a lavarte para la cena".

Capítulo nueve

Jesús se dio vuelta, y cuando la vio le dijo:
"¡Ánimo, hija! Tu fe te ha sanado".

Mateo 9:22

VIVIMOS EN UNA COMUNIDAD rural en las afueras de un pueblo diminuto, de modo que el que una niña pequeña fuera tragada por un árbol fue una gran noticia. No me sorprendió cuando comencé a recibir mensajes de voz al respecto, porque la noche en que sucedió todo lo del árbol, cuando llamé a Debbie para ver si podía quedarse con Abbie y Adelynn, ella dijo: "Acabo de oír algo en la radio sobre una niña pequeña atascada en el interior de un árbol, e inmediatamente pensé: ¡Apuesto a que es una de las niñas Beam!'".

Todos los medios de noticias locales informaron del incidente. Un equipo de una estación local vino a la casa y grabó todo tipo de imágenes para un segmento que presentaba a nuestra familia y a un par de los bomberos Briaroaks.

"¡Mamá, lo están poniendo! ¡Papá! ¡Annabel! ¡Abbie! ¡Salimos justo después del anuncio!". Adelynn nos convocó a todos ante el televisor. No podía esperar a verse a ella misma en vivos colores.

"¡Ahí está!". Adelynn leyó el titular con un tono muy dramático: "'¡Los bomberos rescatan a una niña atascada dentro de un árbol'!".

Yo la acerqué a mi regazo. "¿Se está grabando? Tenemos que grabarlo para Gran Jan y P Paw".

"¡Sí! ¡Ahora que todos se callen!". Abbie se acercó a Annabel en una silla grande.

"Las niñas han trepado a estos árboles cientos de veces", decía el reportero. La cámara hizo una toma de la pequeña arboleda y después arriba, arriba, hasta las ramas del álamo. "Pero nunca habían tenido una historia como esta cuando un álamo gigantesco se tragó a la pequeña Anna Beams".

Las niñas se quejaron. "¿Beams? ¡Dijo *Beamzzz*!".

Pasaron a una toma de nuestra familia justo a tiempo para mostrar a Adelynn bailando por la alfombra y saltando al regazo de Kevin, llevando puesto su vestido sin manga de princesa sirena de ensueño y su tiara. Con *flip-flops*. En enero. Esa es nuestra Adelynn.

Yo no había tenido tiempo de coordinar ropa en particular para que nos pusiéramos. Nos veíamos tal como nosotros somos, y me gustó mucho eso. Abbie rebosaba su hermoso porte de preadolescente con pantalones vaqueros ajustados, botas y una camiseta amarilla con una selección de pulseras de cuerda a la moda. Annabel se veía tímida y académica con un jersey a cuadros y una blusa blanca, pero descalza, desde luego. Kevin acababa de llegar a casa del trabajo vistiendo su ropa quirúrgica siempre presente, y yo combinaba con todos ellos con pantalones vaqueros de mamá y deportivas, y uno de esos chalecos acolchados para el frío (los que parecen un poco como salvavidas pero son tan cómodos y funcionales, que uno no se los quiere quitar hasta que llegue Semana Santa). Me encantaba vernos a todos acurrucados juntos en el sofá: una familia hermosa y feliz. Una familia feliz y *sana*. Esa era la impresión general que me dejó un poco maravillada.

Todos estábamos sonriendo, incluida Anna.

En fotografías de los tres años anteriores, incluidas fotografías del lugar más feliz en la tierra, Disney World, estamos sonriendo, hay alegría y risas, desde luego, pero la sonrisa de Anna es débil en el mejor de los casos, a veces muestra dolor claramente, y sus ojos se ven subrayados por oscuras ojeras. Ella era una niña optimista y alegre por naturaleza, pero siempre había esa sombra. Podía verse en esas fotografías, y cuando la miré en ese segmento en las noticias, esa sombra no estaba.

"Intenté salir de allí trepando", decía la televisiva Anna, "pero mis pies resbalaron y terminé cayendo de cabeza unos 30 pies (9 m) hasta el suelo".

Cortaron y pasaron a una toma de Abbie y un bombero al lado del árbol.

"¡Abbie!", Adelynn aplaudía y reía. "¡Ahí está Abbie!".

"¡Silencio todos!".

"Su hermana Abbie no puede creer aún que su hermana pequeña se cayera por ese hueco, hasta la base del árbol; y su mamá tampoco podía creerlo...".

El segmento seguía conmigo diciendo algo sobre que Abbie enfocó luz al árbol, y entonces pasó a una toma de la gruta para mostrar la escalera del vecino y el hueco en el árbol.

"Mamá y papá intentaron usar su propia escalera y su cuerda, pero tras dos horas, finalmente decidieron llamar al 911, y el Departamento de Bomberos de Briaroaks respondió a la llamada".

"No fueron dos horas", dije yo. "¿Qué tipo de padres esperarían *dos horas* para llamar al 911?".

"La apertura del árbol es como esto", estaba diciendo uno de los bomberos, abriendo sus manos para mostrar la circunferencia aproximada de una alcantarilla. "Sin duda, algo donde ninguno de nosotros vamos a ser capaces de entrar. Ninguno de nosotros va a poder pasar por este hueco…".

"Fue necesario todo el departamento para encontrar una solución", dijo el reportero. "El árbol era demasiado inestable para usar serruchos, y nadie sabía cuál podría ser el estado de salud de Anna…".

Tengo que reírme cuando pienso en esa frase desde la perspectiva en que estamos ahora. ¿Nadie sabía cuál podría ser el estado de salud de Anna? Pronto descubriríamos que fue la subestimación del año.

"Finalmente, el Departamento de Bomberos de Cleburne llegó con una escalera y una polea más grandes, y los rescatadores convencieron a Anna para que se atara su propio arnés".

"Realmente nos preocupaba eso", dijo el bombero. "No sabíamos si ella iba a comenzar a descender y tendríamos que hacer algo mucho más agresivo e inmediato para sacarla".

"Anna nunca tuvo pánico", interrumpió el reportero. "Tras desmayarse en el fondo, ella dice que vio el cielo y supo que estaba segura cuando vio la cuerda de los bomberos".

"El único modo en que supe cómo salir, a qué agarrarme",

dijo la televisiva Anna, "fue debido a la luz de mi ángel guardián".

En el mundo real, Kevin y yo intercambiamos miradas. Nos sorprendió cuando Anna dio voluntariamente esa información al equipo de las noticias, y a decir verdad, teníamos sentimientos mezclados con respecto a que lo utilizaran. Estábamos siendo muy cautelosos con nuestra reacción, simplemente escuchándola sin mostrar ninguna gran reacción hacia un lado o el otro. No queríamos que ella se sintiera presionada a embellecer la historia o a sentir que la experiencia fue algo menos significativa como si fuera solamente un sueño.

Por otro lado, queríamos que ella supiera que estábamos preparados para creer sus palabras; nadie que la quería iba a decirle que era una tontería, o una locura, o que cosas como esa sencillamente no suceden. En cualquier caso, quedó claro inmediatamente que aquella fue una experiencia poderosamente significativa para ella, y queríamos que ella pudiera recorrer sus sentimientos al respecto sin ningún comentario desde el gallinero.

"Y los bomberos tienen una historia propia".

"Nos felicitábamos, y todo eso, porque este es un gran día para nosotros; bueno, para cualquier departamento de bomberos, en realidad, pero especialmente para un pequeño departamento de bomberos voluntarios como nosotros".

Yo me había perdido esa parte, enfocada en mi pequeña familia mientras Anna y yo nos alejábamos volando aquella noche, pero Kevin me había hablado sobre la respuesta emocional en los alrededores. Muchos carraspeos de garganta mientras esos fornidos bomberos estrechaban la mano a Kevin y se daban mutuamente golpecitos de hombros con lágrimas en los ojos. Elevo una cálida oración de gratitud cada vez que pienso en ellos, especialmente en Tristan, que se había negado a moverse de su rama, y Mike, que se negó incluso a tomar un descanso o a estirar la espalda durante las dos horas que estuvo en lo alto de la escalera dirigiendo la linterna hacia Anna y sacándola cuidadosamente.

"Anna pasó la noche en el hospital con una posible contusión. Cuando se curen sus heridas, ella dice que volverá al bosque".

"Me encanta trepar por los árboles", dijo la televisiva Anna, "es solo que... ¡ya no voy a escuchar a Abbie nunca más!".

Se vieron cálidas risas en la versión televisiva de nuestra sala, pero se me cayó el alma a los pies cuando vi el rostro de Abbie en el rincón de la pantalla. Entre esa pequeña oleada de risas y la breve conclusión del reportero, hubo un corto vistazo de Abbie, con dolor evidente en su cara mientras evitaba a su hermana, que seguía siendo el centro de atención.

Cuando llamé a su puerta tras irse a la cama, seguía con un profundo bajón causado por eso.

"Abbie, ella no tenía intención de decirlo como pareció", le dije.

"Bueno, pareció como si yo intentara hacerle daño a propósito, como si yo fuera la hermana más horrible del mundo, o como si yo fuera estúpida, y eso es lo que todo el mundo va a pensar, mamá, ¡porque *salió en televisión*!".

"Bien, entonces también van a pensar que yo me quedé sentada allí jugueteando con mis pulgares durante dos horas en lugar de llamar al 911. ¿Cómo crees que me hace sentir eso?".

"No es lo mismo", dijo Abbie. "Tú realmente no hiciste eso. Yo le dije que pisara allí; y podría haberse matado".

"Sí, podría, Abbie, pero no fue así. En cambio, sucedió algo milagroso, extraño, aterrador y posiblemente maravilloso, y aún estoy intentando darle sentido, pero fuera lo que fuera, Abigail, fue parte del plan de Dios. Y *tú* fuiste parte de ese plan. Tú fuiste *esencial* para ese plan. Dios te escogió para desempeñar ese papel, porque Dios conoce tu corazón, cariño. Él sabía en ese lugar y ese momento que tú serías lo bastante inteligente para pensar en esa idea y así poder bajar las dos de esa rama, y Él sabía que serías lo bastante valiente para aceptar la responsabilidad y acudir a mí cuando las cosas se torcieron".

Ella bloqueó mi abrazo, con sus brazos cruzados sobre su pecho.

"Abbie…". Me senté en la cama y levanté sus pies para ponerlos en mi regazo. "Recuerdo una vez en que cuando eras muy pequeña, te encontré sentada en el sofá llorando desconsolada, medio histérica, gritando, y yo dije: ¡Oh, bebé! ¿Qué te pasa?'. Y tú dijiste: 'Hay personas muriendo de cáncer, mamá, ¡y no estoy haciendo nada! ¡No las estoy ayudando!'. Le dije eso a tu tía Angie y tuvimos que reírnos, porque fue muy tierno, pero entonces pensé: vaya, esta niña diminuta tiene un gran corazón para otros. Me encanta eso. Pero no puedes tomarte todo lo que sucede en el mundo como si dependiera de ti, Abbie, porque no es así. No me gusta tener que destruir esa idea, hija, pero a veces no se trata de ti".

Los ojos de Abbie se llenaron de lágrimas. "Yo nunca le haría daño, mamá".

"Ya lo sé, Abbie. No te aferres a esa parte sobre que su hermana mayor dijo esto o aquello. Yo conozco tu corazón, y también Annabel. Y papá y Adelynn. ¿A quién le importa nadie más? Cualquiera que piense que podrías hacer daño a Annabel...bueno, no te conoce, así que da igual lo que piensen".

Abbie no dijo nada, pero yo podía ver moverse los motores.

"Podría necesitar algún tiempo", le dije a Kevin mientras estábamos en la cama aquella noche. "Ella siempre ha adoptado el papel de protectora y cuidadora de sus hermanas. Siempre es esa fuerza de luz, de alegría y de bondad en medio de todo el sufrimiento y la batalla. No me gusta nada que todo haya girado en torno a ella, aunque no es su culpa. Es solo... ¿cuál es ese viejo dicho? 'El camino al infierno está pavimentado de buenas intenciones'".

"El camino al cielo, en este caso", dijo él soñolientamente.

"No bromees".

"¿Te ha dicho algo más sobre todo eso?".

"No", respondí yo, "pero cuando pasé por el cuarto de Adelynn antes, y Adelynn le estaba preguntando algo al respecto, oí a Anna decirle: 'Fue una experiencia extraña y maravillosa'. Extraña y maravillosa. Eso fue lo que dijo".

"Bueno. Estemos con un ojo sobre ella", dijo Kevin. "Veamos lo que pasa".

Eso era más fácil decirlo que hacerlo. Anna tenía mucha más energía de la que había tenido en bastante tiempo, y parecía decidida a probar los límites de la mano de Dios y mi paciencia. Estoy a favor de las niñas de campo texanas que juegan libremente, pero ella lo estaba forzando con una conducta arriesgada que nos tenía genuinamente preocupados. Primero fue ese horrible momento en el balcón en casa de Nonny. Después de las vacaciones, en el patio de la escuela, en lugar de columpiarse en los columpios, se subió hasta arriba y fue caminando por el tubo de arriba como si fuera la barra de equilibrio en gimnasia. No volvió a probarlo con el álamo otra vez, pero se subió a casi todos los otros árboles de la propiedad. Yo estaba en el suelo abajo, regañándole y persuadiéndole para que bajara, y cuando finalmente llegaba a tierra firme, yo estaba tan frustrada que no sabía si darle un abrazo o darle unos bofetones en el trasero.

Seguimos con el plan, sin embargo, vigilándola, escuchando, estando disponibles para ella sin presionar. De vez en cuando ella hacía algún comentario indirecto e improvisado, como ese comentario a Adelynn sobre "experiencia extraña y maravillosa", pero pasaron meses hasta que volvió a hablarme de ello. Una tarde, cuando la casa estaba tranquila y yo estaba sentada frente a la computadora respondiendo al correo, ella se sentó a mi lado. No dijo nada, pero yo podía sentir que quería hablar.

"Me asusté mucho cuando te caíste en ese árbol", dije sin levantar la vista. "A veces sigo pensando en ello". Tecleé despacio durante otro minuto. "¿Aún sigues pensando en ello? Debió de haber sido increíblemente aterrador para ti".

"Lo fue", dijo ella. "Estaba realmente asustada, y me preguntaba cómo iban a sacarme. Me alegro de ser una persona muy tranquila. No me dan miedo los espacios pequeños. Estoy contenta por eso porque si fuera claustrofóbica, y eso significa que no te gustan los espacios pequeños, quizá me habría estresado, y habría sido incluso más difícil que me sacaran".

"Cuando intentabas tan solo apoyarte en la apertura", le dije, "¿por qué no pusiste primero el pie?".

"¡Lo intenté! Intenté entrar con el pie primero, pero había llovido unos días antes, y por eso la tierra dentro del árbol se había convertido en fango. Me estaba sujetando a un pedazo de madera en el borde, y crujió, y mis pies fueron por encima de mi cabeza, y me golpeé la cabeza tres veces mientras descendía. Me alegré mucho de no haberme roto el cuello".

"¡Yo también!".

Seguí tecleando, asimilando sus palabras.

"Cuando caíste", dije, "¿te fuiste resbalando gradualmente, o caíste volando?".

"Supongo que fue algo entre medias. Comencé resbalando, y después fue como *uuuuy*, ¡BAM! Ya está".

"¿Cómo era el interior del árbol? ¿Estaba todo mohoso y repugnante?".

"Fangoso", respondió Annabel. "Se podía ver fango por todas las paredes hasta arriba, hasta el hueco por donde entré. Estaba bastante mojado y sucio. No estaba seco. No podía ver mucho, pero había grietas en la madera que dejaban entrar un poco de luz. No mucha. Suficiente luz para permitirme ver dónde estaba y palpar alrededor, pero no la luz suficiente para ver exactamente dónde estaba, o cómo llegué allí, o lo que había por encima. Incluso la luz desde el hueco por donde entré era difícil de ver".

"¿Oíste a Abigail cuando te gritaba?".

"Podía oírla semibien", dijo Anna. "No muy bien".

"¿Recuerdas haberte quedado dormida o desmayarte en algún momento? Cuando uno se desmaya siente como si se hubiera dormido".

"Sentí como si hubiera llegado hasta el fondo, y entonces me desperté y vi a Abbie enfocando una luz, así que supongo que me desmayé. No estoy totalmente segura de lo que sucedió durante ese periodo de tiempo".

"Anna, nunca dices nada sobre estar realmente asustada y llorando".

"No creo que lo estaba. Intentaba mantener la calma".

Yo sonreí al oírle eso, pero no dije nada.

"No dejaba de decirme a mí misma: 'Todo va bien. Van a sacarte'. Intentaba evitar el perder los nervios".

"Entonces ¿sentías que estuviste despierta el resto del tiempo? ¿O como dormida, y después despierta, y así sucesivamente?".

"Creo que hubo algunas veces, no creo que fuera así todo el tiempo, pero no estaba despierta o dormida todo el tiempo. Era como despertarme, dormirme otra vez, después despertarme, y despierta el resto del tiempo. Así fue más o menos".

Cuando agarré el ritmo de lo que estaba diciendo, decidí proseguir.

"Anna, cuando estabas allí abajo…y tuviste una visión…¿te pareció como un sueño? ¿O parecía como si tuvieras los ojos abiertos y estuvieras mirando al interior del árbol y algo se te apareció?".

"Parecía que yo no estaba en el árbol", respondió Anna atentamente, intentando buscar el mejor modo de expresarlo. "Sabía que estaba despierta. Estaba alerta. Y no estaba en el árbol. Sabía que no estaba soñando, porque era *real*. Podía sentirlo todo. No era como si estuviera en el árbol y apareció algo. Fue como si me llevaran a otro lugar…y entonces fui llevada otra vez al interior del árbol".

"¿Eras consciente de mamá, y papá, y Abigail y Adelynn cuando estabas hablando con Jesús?".

"No estaba alerta a nadie en la tierra, en realidad. No recuerdo oír las voces de nadie hasta el final, cuando regresé del cielo y estaba otra vez dentro del árbol. Oír a los bomberos me confundía, porque yo estaba en otro lugar. Fue como viajar a otro lugar con tu mente, excepto que era real. Como cuando estoy dormida profundamente y tú intentas despertarme. Comienza conmigo oyendo tu voz. Tu voz está ahí al final, pero no al principio o en el medio".

"Anna", dije con cuidado, "¿recuerdas en Boston... cuando estábamos solamente tú y yo allí, y dijiste que querías morir y ver a Jesús, y entonces hablaste con el terapeuta? ¿Tiene eso que ver algo con todo esto? ¿Aún sigues sintiendo como que quieres morir?".

"No, mamá, no estaba pensando en suicidarme o en nada como eso mientras estaba en el árbol. Tampoco estoy pensando ahora en el suicidio. Entonces, cuando dije aquello, tan solo pensaba: '¿No sería estupendo si pudiera estar con Jesús y no tener dolor nunca más?'. Pero ahora no me duele mucho, y ni siquiera pensaba en el dolor cuando estaba en el árbol".

"¿Cómo se veía Jesús?".

"Tenía una túnica blanca larga y hermosa. Y tenía piel oscura y una barba grande, parecida a la de Santa Claus, pero no así, y cabello oscuro. Y había un cinto en su túnica".

"A veces hablas sobre Jesús y a veces hablas sobre Dios".

"Bueno", dijo Anna, disfrutando de la oportunidad de darme una clase de escuela dominical, "los dos son el mismo. Jesús es Dios".

"Sabes donde la Biblia habla sobre Jesús sentado en un trono a la diestra de Dios...".

"No sé de lo que estás hablando". Se puso de pie y se zafó. "Ahora me estás confundiendo. ¿Puedo ir a jugar?".

"Claro que sí". Le di un abrazo, besé su sien y soplé una trompetilla en su mejilla. "Te quiero. Sal de aquí".

Ana salió danzando por la puerta, y no volvimos a hablar de ello muy extensamente. Era solamente eso. Ella había dicho lo que quería decir al respecto, y yo la empujé tanto como sentí que era cómodo.

Con los años, me he permitido imaginar lo que ella vio y oyó, pero no he permitido que mi curiosidad o mi deseo espiritual se lleven lo mejor de mí. La experiencia pertenece a Anna, y por ahora, ella ha decidido guardarlo. No es necesario decir que ardo de curiosidad, y estoy segura de que a otros les pasa lo mismo. Pero primero y ante todo, quiero lo que sea mejor para Anna, y ella sigue aún descifrando cómo se siente respecto a todo eso. Meditándolo en su corazón. Yo no le arrebataré eso.

Después de hablar con varias parábolas y posibilidades, intentando hacer que sus discípulos entendieran el concepto del hogar de Dios: muchas mansiones, fiestas de boda, campos de trigo, Jesús finalmente les dijo claramente: *El reino de Dios está en ustedes.* En cuanto a toda nuestra curiosidad, nuestro deseo de saber cómo es el cielo, quizá en la quietud de nuestro propio corazón, si alguna vez nos aquietamos lo suficiente para escuchar, ya lo sabemos. Yo no lo he visto con mis ojos, pero sé con la misma seguridad que sé que el viento está en los árboles, que hay un lugar de profundo amor, paz absoluta y gozo eterno. Una vez que lo hube visto con los ojos de mi hija, pude ver brillantes destellos de ese lugar en el mundo que me rodea.

"Oí que Annabel cayó en picado y tuvo que ser rescatada por los bomberos".

No me sorprendió nada cuando comencé a escucharlo de algunas de las otras mamás en la escuela. Maestros y compañeros de clase de las tres niñas lo habían visto en las noticias, y aunque Annabel es el tipo de persona que prefiere seguir la corriente en lugar de ser el centro de atención, no tenía intención de negarlo cuando otros niños la desafiaban respecto a lo que dijo de que había ido al cielo y había visto a Jesús. Abbie era, como siempre, la defensora más acérrima de Annabel, y ahora era una apóstol común, difundiendo las buenas noticias de este increíble milagro en el cual ella había desempeñado un papel clave en el plan de Dios. Mientras tanto, Adelynn...bueno, ella es la que prefiere ser el centro de atención. Y mucho. Con rosas lanzadas a sus pies. Esa es nuestra Adelynn. Como es a menudo el caso, el parque infantil era un microcosmos del mundo que lo rodea, y vivimos en la gigantesca hebilla plateada del "Cinturón bíblico", de modo que la respuesta fue abrumadoramente positiva.

Tras haber recibido más de algunas llamadas telefónicas al respecto, le pregunté a Anna un día después de la escuela si alguien la estaba molestando o haciéndola sentirse incómoda. Ella no pudo zafarse con más rapidez.

"Está bien, mamá. Tan solo respondo a sus preguntas. No me importa hablar de ello".

Agarré a Abbie cuando iba saliendo hacia su lugar favorito de lectura y le hice la misma pregunta.

"Mamá, ella cuenta la historia de la misma manera cada vez. No cambia. Y deberías ver la expresión en su cara. Ellos ven la sinceridad, y cómo ella se aviva cuando habla de eso, y entonces saben que no hay modo alguno en que esa niña se lo esté inventando todo. Y el modo en que ella habla...el otro día dijo que quería hablarme más sobre ello y yo le pregunté cómo era cuando ella estaba 'flotando', y me dijo: 'Fue como estar suspendida por encima del universo'. Eso no lo diría una niña de nueve años; pero es totalmente propio de Annabel".

Operando en el mundo pragmático y práctico del rural condado de Joshua, Kevin tuvo su parte de comentarios por la cobertura de las noticias, pero la mayor parte de ello era de personas que le preguntaban: "¿Cuándo va a cortar y derribar ese árbol?". Él no tenía una respuesta. De hecho, estaba batallando con la idea, y yo también. Desde luego, la seguridad de las niñas era nuestra principal preocupación, pero claramente no tenían intención alguna de volver a trepar allí, y por si acaso su curiosidad desplazaba a su mejor juicio, Kevin había podado inmediatamente las ramas bajas que hacían posible que pudieran subirse al árbol.

Ninguno de nosotros veía el árbol como un enemigo. Al mirar fijamente al techo en la noche, pensé en algunos de los lugares oscuros donde habíamos caído durante nuestra vida juntos. Ahora el árbol parecía expresar lo que habíamos pasado mejor que cualquier palabra que pudiéramos imaginar. En mi mente, se convirtió en una metáfora de lo aislada que estaba Anna por su enfermedad y lo desesperadamente que habíamos intentado salvarla. Me dio una nueva manera de pensar en mi propia lucha contra la depresión, que se siente muy parecido a ser lanzada a un agujero profundo y oscuro del que no se puede salir trepando. Las personas que te quieren están muy cerca, ah, podrían alcanzarte y tocarte, y *quieren* hacerlo, están desesperadas por llegar hasta ti, pero uno está encerrado en esa coraza impenetrable, y parece que no hay luz alguna, que no hay aire, que no hay salida que se pueda ver, y por lo tanto uno se acurruca y se hace una bola y se queda ahí. No hay modo de que tus seres queridos puedan saber lo que te sucede realmente, y no hay modo de que tú puedas incluso entender el infierno por el que ellos están pasando mientras luchan por salvarte.

Sacar a alguien de ese agujero requiere un equipo: experiencia técnica, fe, amor y mucha paciencia. Era un lugar del que nunca podría haber salido por completo por mí misma. Gracias a Dios que Kevin es incapaz de tirar la toalla conmigo. Él es un realista que puso el nombre de Fe a su hija.

La mayoría de personas bromeaban o le cuestionaban con respecto al árbol, pero él me dijo más adelante que hubo un cliente en la clínica que es ateo y oyó del rescate de Anna, y sacó el tema en su siguiente visita.

"Entonces dígame, Dr. Beam, ¿cómo responde a las personas que no creen como usted? Yo no puedo ser el único que es un poco escéptico con respecto a la idea de que una niña pequeña se cayó dentro de un árbol hueco y tuvo un encuentro con Jesús. Quiero decir, vamos, es usted doctor, es usted científico. Sabe cómo podría explicarse eso".

"Sinceramente", le dijo él, "no puedo explicar lo que le sucedió físicamente mientras estaba en ese árbol, y lo he pensado mucho. Yo no estuve ahí, de modo que lo único que tengo para seguir son los datos radiológicos y los informes médicos de antes y de después. Las pruebas están ahí. Ella no estaba bien antes, y ahora lo está. Esos son los únicos hechos que tengo. Lo único que sé más allá de eso es que ella cree que fue al cielo; y yo le creo cuando me dice que ella lo cree".

Las pruebas están ahí, seguíamos diciendo, porque no queríamos decir ninguna otra cosa. La idea de que Anna estuviera verdadera y completamente sana era demasiado peligrosa para incluso contemplarla. Ella estaba bien, pero no podíamos ignorar la realidad de que el trastorno de pseudoobstrucción de movilidad no tiene cura; lo mejor que nos habían dicho que podíamos esperar era una calidad de vida razonable si podíamos encontrar el balance entre el torrente de medicinas, un cuidado constante continuado, periodos de no comer y cirugía cuando fuera necesario. Si comenzábamos a lanzar las campanas al vuelo sobre que nuestra hija estaba sanada y volvía a recaer, ella quedaría destrozada. La fe de cualquiera que lo creía, incluidas Abbie y Adelynn, quedaría aplastada.

Más allá de eso, sentíamos que lo gafaríamos o algo así tan solo al hablar de ello.

Cuando uno de nosotros notó que el estómago de Anna siguió plano o que había pasado una semana más sin ninguna queja y sin que pidiera analgésicos para el dolor, nos miramos unos a otros, esperando y deseando, sin querer decir la palabra.

"Observar y esperar", decía Kevin, y el Señor sabe que yo estaba familiarizada con la frase. Habíamos puesto en práctica una cantidad prodigiosa de observar y esperar desde que Anna tenía cuatro años y comenzó a presentar los primeros síntomas graves del trastorno. Desde el tiempo en que estaba en preescolar, no es sorprendente que la enfermera de la escuela y yo hubiéramos estado en contacto semanalmente, y a veces diariamente.

Cuando vi su número aparecer en mi teléfono en algún momento cerca del día de San Valentín, me di cuenta de que no había tenido noticias de ella desde que la escuela había comenzado de nuevo en enero.

"Acabo de ver a Annabel en el pasillo", me dijo. "Le dije: ¡Te he extrañado!' Ella fue muy dulce y divertida. Me dio un gran abrazo y me contó sobre su gran aventura en las vacaciones de Navidad. Christy, no puedo creer lo mejor que está desde que terminaron las clases de la escuela para las vacaciones. Solo quería llamarte y dejarte saber que me alegra mucho verla tan bien".

Cuando Annabel regresó a casa, le pregunté: "¿Cómo está tu estómago, cariño?".

"Me duele", respondió ella, y se acurrucó junto a mí en una silla de la cocina; pero unos minutos después, estaba lista para irse, saliendo descalza por la puerta.

"Dice que le duele el estómago", le dije a Kevin después aquella noche, "pero nunca pide calmantes. De hecho, ahora que lo pienso, no ha pedido nada desde…".

No pude terminar la frase, y Kevin no la terminó por mí.

"¿Cuán frecuentemente se queja de que le duele?", me preguntó.

"Pues casi solamente cuando se lo pregunto. Si no lo menciono, no parece tener ningún problema".

Él lo pensó por un momento y dijo: "Quizá sea porque los niños normales fingen que les duele el estómago cuando necesitan un poco de atención extra o cuando no quieren hacer sus tareas".

En efecto, él estaba diciendo: *Piensa en caballos, no en cebras*. Y yo estaba tan acostumbrada a pensar en cebras, que ni siquiera conocía al caballo cuando entraba trotando a la cocina buscando un abrazo extra. Sé que esto suena extraño, y ciertamente no me estoy quejando, pero no era fácil ajustarse a la idea de que los problemas de salud de Anna no eran lo más apremiante en la agenda. Ella seguía tomando varios medicamentos, pero el lidiar diario y los mimos fueron desplazados repentinamente por intereses menos dramáticos, como pruebas de ortografía y tareas de matemáticas.

Anna había pasado más de sesenta días en el hospital y otros incontables convaleciente en casa tumbada en el sofá, sin mencionar los días medios o enteros que pasó en salas de espera, consultas del médico, o en la consulta de la enfermera en la escuela. Ella tenía que ponerse al día con muchas cosas, y se sentía lo bastante bien para hacerlo. La apuntamos a un programa de tutoría y la llevamos allí cada día después de las clases. Eso no fue bien inicialmente, y por primera vez en su vida, vimos realmente a Anna exagerando en lugar de minimizar dolores de estómago fantasmas. Y con orgullo nos ganamos otra pegatina que nadie quiere llevar en su auto: "¡Mi hijo *finge* que le duele el estómago!".

Estábamos en contacto constante con sus maestros, que no estaban menos que asombrados por el cambio en ella; no solo físicamente sino también académica, emocional y socialmente. El Dr. Siddiqui había anotado en su historia médica cuando comenzó a verla por primera vez que Annabel tendía a hablar como los bebés: un mecanismo para sobrellevar situaciones en niños enfermos crónicos, lo cual es traumático y los sitúa en una posición espantosamente vulnerable. Kevin y yo sí notábamos que su lenguaje no estaba al nivel del que había tenido Abbie a su edad, pero Abbie fue siempre muy por delante de los otros niños de su edad, así que no nos preocupaba demasiado.

Ahora su lenguaje comenzó a mejorar, y no solo me refiero a la dicción. Ella se comunicaba y socializaba con un ánimo totalmente nuevo, participando realmente con los niños de su clase y en la iglesia de un modo en que nunca había podido hacerlo antes. La enfermedad crónica puede ser terriblemente aislante para un adulto, pero es mil veces peor para un niño pequeño que está descubriendo cómo interactuar con los demás.

A finales de febrero, el dramático cambio en Anna era innegable. Por mucho tiempo había estado en una rotación de antibióticos, tomándolos dos semanas sí y dos semanas no. Cuando llegó el momento de comenzar una nueva fase, llamé al Dr. Siddiqui y dije: "Annabel está notablemente mejor. ¿Podemos saltarnos esta ronda de antibióticos y ver cómo va?".

En cuanto las palabras salieron de mi boca, sentí una ráfaga de gratitud.

Annabel está notablemente mejor.

Miré la complicada gráfica que mapeaba las horas y las dosis para sus medicinas. Algunas eran administradas en un horario regular; otras, como los analgésicos, eran administradas cuando fuera necesario. Durante años, todo en mi día giró en torno al horario para sus necesidades de medicinas y nutrición, que yo había calculado casi al minuto, incluida una dosis que tenía que darle cada cuatro horas, incluso durante la noche; y muchas noches teníamos que levantarnos para darle analgésicos o simplemente sentarnos junto a ella mientras sufría.

Ahora, la medicina cada cuatro horas pasó a cada cinco y después cada seis horas. En lugar de diez medicamentos distintos cada día, ahora tomaba tres. Y la estipulación "cuando sea necesario" había disminuido hasta significar "ninguno". Annabel seguía el ritmo de su trabajo escolar y, más desafiante, seguía el ritmo de Adelynn y Abigail, corriendo por el terreno, trepando, saltando, columpiándose. Y Kevin y yo podíamos dormir durante seis horas benditas e ininterrumpidas cada noche.

Estábamos nerviosos por el descenso continuado con la

cisaprida. Esa era nuestra principal arma, el medicamento que daba mucho miedo pero era muy eficaz y había devuelto cierta semblanza de normalidad a la vida de Anna.

Durante los dos años anteriores, cuando ella no tomaba cisaprida, no había podido comer nada. Solamente dieta líquida, lo cual le dejaba malhumorada e insatisfecha y sintiéndose dolorosamente apartada y disfuncional durante las comidas familiares y los almuerzos en la escuela. Cuando tomaba cisaprida, podía comer alimentos blandos y suaves como sopa de pollo, galletas y gelatina. No era mucho mejor. Lo primero que los médicos hacían siempre que había un brote era retirarle la comida. Cuando estaba en el hospital, era alimentada con nutrición periférica mediante vía intravenosa o el tubo PICC (siglas en inglés para cáteter central de inserción periférica) hasta que lentamente podía ir incorporando líquidos con la esperanza de poder graduarse para comer comida de verdad. Ella se sentía aislada y castigada cuando otros niños en su clase se comían un cupcake para Halloween o cuando iba a una fiesta de cumpleaños donde había tacos, patatas fritas y Frito Pie en el menú.

Mantuvimos la respiración la primera vez que la vimos comer pizza con Adelynn y Abbie dos horas después de saltarnos la cisaprida. La primera vez que realmente pudo comerse un Happy Meal de McDonalds lo celebramos como si hubiera hundido a la Armada Española.

TODO EL TIEMPO QUE Anna tomaba cisaprida, teníamos que llevarla a Boston tan frecuentemente como cada cuatro a seis semanas para ver al Dr. Nurko, pero cuando llegó el momento de la cita de febrero, decidimos cancelarla. Él y el Dr. Siddiqui estaban siempre en contacto, y con su bendición retiramos a Anna la cisaprida, lo cual significaba que no había realmente ninguna urgencia para que el Dr. Nurko la viera. Pasaron otras seis semanas, y volvimos a cancelar la cita porque, esta vez, Anna parecía estar tan sana como cualquier otro niño en el parque infantil. El Dr. Siddiqui y el Dr. Moses, el pediatra, no cabían de contentos por el progreso que ella había hecho; pero cancelar la siguiente cita con el Dr. Nurko, el poderoso defensor y amigo de Anna, fue muy importante. Estábamos comenzando a sentirnos cómodos con la idea de que Anna estaba bien, pero había mucho en juego, y las esperanzas de Anna habían quedado hechas añicos muchas veces antes. Kevin y yo lo pensamos y oramos mucho al respecto. Era emocionante y aterrador salir de nuestro bote salvavidas y tirar a la basura esa última dosis de cisaprida.

La cisaprida era la importante. Los potenciales efectos secundarios eran graves, incluido daño al corazón. Cualquiera que tomara esta medicina tenía que ser monitoreado muy de cerca continuamente, así que tenían que hacerle a Anna un electrocardiograma cada seis semanas. Los análisis de sangre cada cuatro a seis semanas seguían el rastro de lo que el medicamento, en combinación con todos los otros medicamentos que tomaba, estaba causando a su cuerpo en general. Era un riesgo, pero valía la pena poder tener una probabilidad de una vida seminormal.

Ahora ella estaba libre de eso. Por el momento. Pero seguíamos teniendo todas las otras medicinas en fila en el estante del armario. Los antibióticos que tomaba dos veces al día como parte de un esfuerzo concertado para mantenerla lejos del hospital y libre de infecciones bacterianas que pudieran inclinar la balanza contra ella. Pero el tomar todos esos antibióticos tiene también su efecto en el cuerpo, de modo que tenía que tomarlos cada dos semanas, rotando entre diferentes tipos de antibióticos para que así no desarrollara resistencia, buscando siempre señales de que su sistema digestivo se había ralentizado mucho o se había cerrado por completo. Tenía que ingerir bacterias buenas, porque estaban siendo eliminadas junto con las bacterias malas. El daño nervioso en sus intestinos se trataba con un potente anticonvulsivo cuatro veces al día, que le protegía de un dolor constante. Tomaba una graduación recetada de laxantes y medicinas para el reflujo, otro anticonvulsivo para los calambres, analgésicos recetados cuando fuera necesario, y un programa rotatorio de suplementos nutricionales que se volvían más importantes durante los periodos en que ella no podía consumir nada de comida ni de líquidos.

Imagine ir remando en una canoa con su hija pequeña a su lado, y la canoa está llena hasta arriba de todo lo que ella necesita para seguir con vida. Nosotros no queríamos inclinar esa canoa, pues nos había llevado mucho tiempo llegar a ese balance, pero ahora, todo había cambiado. Era aterrador y emocionante al mismo tiempo. Sopesamos cuidadosamente cada decisión a medida que fuimos retirándole con cautela cada medicamento.

"Muy bien", decíamos. "Parece que vamos muy bien sin este".

"Estoy de acuerdo", decía Kevin. Y finalmente una noche, él llegó al punto de decir: "Parece que está realmente muy bien en general. ¿Crees que quizá esté realmente...?".

"No lo digas", dije levantando la mano. "Tan solo...estemos aquí".

"Estoy de acuerdo", asintió.

Observábamos. Esperábamos, sin la expectativa de que recayera, pero queriendo estar emocionalmente preparados para manejarlo, y ayudar a Anna a manejarlo, si sucedía.

Oh, hombre de poca fe.

¿Recuerda la historia del dudoso Tomás? Jesús regresó a sus discípulos después de ser crucificado y haber resucitado, pero Tomás, simplemente no iba a aceptar eso tan despreocupadamente. Él quería tocar las heridas en el cuerpo y las manos de Jesús; quería ver alguna evidencia científica de que sí, eso estaba sucediendo realmente. Jesús no se enojó por eso. Me encanta esa respuesta, *hombre de poca fe*, y le oigo decirlo con una sonrisa, un suspiro, porque Él sabía que esa falta de fe provenía de un lugar de haber quedado decepcionado antes y un lugar de amar a Jesús y querer con mucha fuerza que fuera cierto.

"Tienes razón", dijo Kevin. "No quiero decirlo en voz alta tampoco, pero...¿sabes qué es lo extraño?".

"Extraño, ¿comparado con ser tragada por un árbol?".

"Bueno, está eso", se rió, "pero estaba pensando que era más fácil en cierto modo cuando estábamos rastreando todas las cosas que iban mal. Podíamos escribir en una gráfica las medicinas que estaba tomando; podíamos marcar en el calendario si podía o no podía ir a la escuela, lo que comía, y cuál era su temperatura".

"Pero ahora estamos intentando rastrear cosas que *no* están sucediendo".

"Correcto", dijo Kevin. "Y eso es más que un desafío, científicamente hablando. La evidencia empírica se trata de demostrar que algo existe. Es mucho más difícil probar que algo no existe".

Él tenía toda la razón. Preguntemos al dudoso Tomás.

AL FINAL DEL AÑO escolar, Anna había florecido como un pequeño lirio atigrado y se desarrollaba en todos los aspectos en que uno esperaría que se desarrolle un hijo. Sus calificaciones mejoraron; tenía amigas; se divertía; hacía planes; se quedaba hasta tarde leyendo e invitaba a amigas a pasar la noche en casa. Kevin y yo pudimos invitar a todas las personas que nos habían ayudado a lo largo de los años a barbacoas en el jardín, y para variar, pudimos ser los que se prestaban voluntarios para ayudar a otras personas que necesitaban cuidado de niños. Kevin se unió a la rotación de enseñanza para Homebuilders, un grupo de estudio bíblico los domingos en la noche, y desde entonces, cada dos semanas todo el grupo se reunía para cenar en nuestra casa. Era un gozo servir a nuestra alegre familia extendida. Alimentar a nuestra gente del modo en que ellos nos habían alimentado a nosotros lo considerábamos un gran privilegio.

Uno de los aspectos más dulces de todo eso era lo felices que hacía a Abbie y Adelynn. Las hermanas Beam eran un trío, tal como Dios quiso que fueran.

Me encantaba verlas juntas en gimnasia. Yo las había apuntado un año antes, como un modo de hacer que Anna participara en algún tipo de movimiento, y a Abbie y Adelynn les encantaba, pero era difícil mantenerlo con la presión financiera que teníamos que afrontar. Podíamos asistir tan pocas veces, que terminó siendo más una frustración que una ayuda.

Pero este año, Anna era la que presionaba a todos a salir rápido, rápido, rápido por la puerta para que no llegáramos tarde a gimnasia. Ella tenía grandes planes para una fiesta con temática de gimnasia para su décimo cumpleaños. Corriendo por todo el lugar, ella seguía el ritmo de sus amigas y sus hermanas, saltando y haciendo equilibrios.

El año anterior, sus pequeños leotardos se habían vuelto incómodos por su vientre hinchado. Ahora se veía tan sana y normal como todas las demás niñas.

Ese verano, en lugar de seguir recluida, pálida y con dolor, viendo H_2O: *Just Add Water* en la televisión, Anna estaba fuera en la piscina con sus hermanas, tres sirenas con protector solar que chapoteaban y reían hasta que se ponía el sol. Cuando Kevin entraba por la puerta el final del día y hacía salir a todas rápidamente para hacer un viaje a la Cueva de los Piratas, no tenían que suplicar y persuadir a Anna para que fuera con ellos; o peor aún, dejarla atrás sintiéndose aislada y triste. Por primera vez en años, mi atención estaba igualmente dividida entre mis tres pequeños pececitos, y algunos días realmente tenía un poco de tiempo para mí misma. Apenas sabía qué hacer con eso.

Aquel verano pasó como han de pasarse los veranos, en una borrosidad de montar en bicicleta, risas y viajes al mercado; pero más allá de eso, hubo un ambiente intensamente gozoso. Llegó el otoño y pasó con todo el ajetreo de regresar a la escuela. Nos aventuramos a apuntarnos a un vuelo lleno de actividades extraescolares en las que las niñas siempre habían suplicado estar. Había sido muy difícil comprometernos con nada, sabiendo que Anna se lo perdería el 75 por ciento del tiempo y Abbie y Adelynn se verían forzadas a no poder ir tampoco a menos que pudiera sacar el tiempo para llamar a unos y otros para que pudieran llevarlas.

Ahora estábamos todos a bordo y ocupados. Anna seguía el ritmo de su trabajo escolar desde el primer día y nunca volvió a quedarse atrás. Solamente eso quitó un velo de estrés que yo ni siquiera había reconocido antes. Teníamos asuntos más grandes que antender así como cualquier otra familia feliz, sana y llena de actividades.

En lo que pareció un abrir y cerrar de ojos, ya era diciembre, y comencé a decorar para Navidad. Nunca comenzamos antes del 2 de diciembre, porque ese es el cumpleaños de Adelynn, y yo nunca quise que su día especial se viera abrumado por cosas para las vacaciones. Nos aseguramos de apartarlo como un día santo y maravilloso por sí solo, y después comenzábamos las festividades.

Mientras abría una caja tras otra de recuerdos familiares, las niñas buscaban cazar sus tesoros favoritos. Casi todas las cosas tenían un recuerdo especial de años pasados. Uno de los favoritos de cuando ellas eran pequeñas era un pueblo de princesas Disney, pero esta vez quedaban solamente un par de muñecas y de casas. Aquellas princesas Disney vieron mucha acción a lo largo de los años, así que la mayoría de ellas terminaron rotas, pero las princesas Beam no estaban dispuestas a descartar las piezas que quedaban. La colección de Santa es lo mío, así que me permiten manejarla a mí sola, y organizo todas las partes según su tamaño y función, poniéndolo todo sobre la mesa de la sala.

Desde luego, lo más importante es el árbol. Nuestro árbol de Navidad no es uno de esos árboles decorados con adornos y guirnaldas de un mismo tema; más bien lo contrario. Es un árbol ecléctico lleno de recuerdos, un recordatorio vivo y cambiante de nuestra procedencia y cómo hemos crecido y cambiado como familia. Hay muchos recuerdos de Gran Jan y Nonny. Cada año, desde que yo fui parte de la familia, ellos nos enviaban algo especial justamente después de Acción de Gracias, un ornamento cuidadosamente escogido específicamente para esa persona, para darle inicio a la temporada y dejarnos saber que ellos se emocionan tanto por la Navidad como los niños.

Las niñas están siempre fascinadas por los adornos que Kevin y yo hicimos cuando éramos pequeños, y yo estoy siempre fascinada por los adornos que ellas hicieron cuando eran pequeñas. Les encanta escuchar a Kevin contar las historias que están detrás de todos los adornos que nos dieron como regalos. Desde luego, se produce una acalorada discusión sobre la estrella: quién la puso el año anterior, quién va a ponerla este año, por qué otro no está claramente bien preparado para esa tarea. Al final Kevin decide, y la afortunada ganadora es elevada al aire, y la estrella se sitúa con mucha emoción y cantos. Entonces llega el momento para el cacao y las palomitas de maíz con canciones de Navidad sonando en el televisor.

Mientras Kevin y las niñas admiran el árbol, yo lo asimilo todo. Las luces. La fragancia. La alegría. Incluso durante los momentos difíciles, pudimos encontrar esperanza y gozo en la Navidad. No tuvimos que trabajar duro para encontrar alegría y esperanza ese año. Anna estaba haciendo payasadas felizmente con sus hermanas, bebiendo cacao y comiendo palomitas. Mientras yo seguía ocupada haciendo cosas, Kevin me agarraba la mano de vez en cuando, y nos dábamos el uno al otro una sonrisa secreta. Pero aún no estábamos preparados para decirlo en voz alta.

La semana después de poner el árbol, llevé a Anna a una cita que ya teníamos con el Dr. Siddiqui. Ella conocía el proceso y se tumbó en la camilla de reconocimientos médicos. Él puso sus manos bajo la bata de papel y presionó con firmeza alrededor de su caja torácica y su estómago.

"¿Te duele esto? ¿Y aquí? ¿Esto? ¿No?".

Fue un claro contraste con otras citas anteriores, especialmente cuando ella era muy pequeña y la palpación era increíblemente dolorosa, y ella no podía entender por qué tenía que doler tanto. Mientras el Dr. Siddiqui tocaba y presionaba la estructura de su tracto digestivo, ella charlaba felizmente con él sobre todos nuestros planes para Navidad y lo que estaba haciendo en la escuela.

"¿Te duele aquí?", le interrumpió él. Ella meneó negativamente la cabeza, y él presionó más fuerte. "¿Y esto? ¿Y esto? ¿No te duele nada aquí?".

La expresión en su rostro era lo que yo había estado esperando, creo.

En Hebreos (NVI), Pablo escribió: *Ahora bien, la fe es la garantía de lo que se espera, la certeza de lo que no se ve.*

Esa era la certeza que habíamos estado esperando.

La Navidad de 2012 Annabel no estaba tan solo manteniendo un balance; se estaba recuperando del trastorno y de los brutales efectos secundarios de los tratamientos. Ninguno de sus médicos sugirió nunca que pudiera haber recibido un diagnóstico erróneo inicialmente. De hecho, nos dijeron que ella se presentaba como un caso de libro de texto de trastorno de hipomotilidad antral y trastorno de pseudoobstrucción de movilidad. Eso nunca cambió desde que fue diagnosticado. Ella había sido examinada por su pediatra y el Dr. Siddiqui, y ellos estaban emocionados por su progreso pero no tenían palabras para explicar lo que le estaba sucediendo. Sin embargo, desalentaron activamente el uso de la palabra *curada.*

"Nadie se cura *nunca* de estos trastornos", nos decían.

Kevin y yo nos quedamos tentativamente en la palabra *bien*; de todos modos, lo que importaba era el significado de la palabra, y para nosotros, *bien* significaba en ese momento, en ese día, que ella tenía buena salud. Estábamos dispuestos a confiar en que la mano de Dios estaría en cualquier cosa que apareciera en nuestro camino al día siguiente o al momento siguiente.

Estábamos a punto de marcar un año completo sin una sola visita a urgencias, sin una sola llamada frenética al médico, sin un solo día fuera de la escuela con problemas digestivos debilitantes. Junto con el cuerpo de Anna, nuestro magullado espíritu comenzó a recuperarse. Los hábitos y actitudes profundamente arraigados que nos habían protegido comenzaron a ceder. Nuestra piel de armadillo comenzó a suavizarse.

Anna comenzó a soltar a este terrible amigo-enemigo que había estado a su lado desde que tenía cuatro años de edad; sí, había causado inimaginable dolor y frustración, pero también le había dado una excusa para quedarse en casa sin ir a la escuela y ver televisión. Le había proporcionado mucha atención de mamá y papá, que ahora podían dividir su atención más igualitariamente con sus hermanas.

Una amiga mía que tuvo cáncer cuando era joven me dijo que después hubo un extraño periodo de duelo. Todos le decían que debería volver a la normalidad, pero ella había aprendido que no hay tal cosa como normalidad. Tenía que procesar ese trauma que le había sucedido y hacerlo parte de quien ella era al seguir adelante.

Lo mismo era cierto para Anna, y para Kevin y yo, y para Abbie y Adelynn. Cada uno de nosotros había sido golpeado en la cabeza por aquello, y teníamos el suficiente respeto hacia ello para ofrecerle el tiempo y la consejería necesarios para darle lo que se le debía.

"Extraño a Dani", dijo Annabel un día. "Me gustaría poder verla algunas veces".

"Bueno, quizá podemos hacerlo", dije yo. "Creo que deberíamos mandarle un mensaje de correo y ver si querría almorzar con nosotras. Tres señoritas sanas saliendo a almorzar".

Dani se alegró mucho de saber de nosotras, y cuando nos reunimos con ella en la cafetería del hospital, quedó perpleja por la nueva y mejorada Annabel.

"He decidido", le dijo Anna a la vez que comía patatas fritas de Chick-fil-A, "que cuando sea mayor, quiero ser especialista infantil. Podría ayudar a niños porque sé lo que es".

"Serías realmente buena en eso", dijo Dani, "y llegarías a conocer a muchas personas maravillosas".

Además de todo eso, ¿cuántos trabajos hay en los que puedas estar todo el día coloreando?

Llegamos a casa de Gran Jan y P Paw en Nochebuena, y minutos después, las niñas estaban fuera trepando los árboles. Di un suspiro cuando recordé cómo me había preocupado eso el año anterior. ¿Y si hubiera salido y hubiera dicho: "Bajen de ahí inmediatamente", o si hubiera detenido a Anna unos días después cuando ella iba a salir a jugar? Recordé que ella contaba cómo jugaban a trepar al árbol y salvar al mundo.

Yo lo había escrito en el diario donde anotaba todas las medicinas de Anna, las citas médicas y las estadísticas de nutrición. En los márgenes y entre las listas, en algún lugar en la línea comencé a añadir mis pensamientos sobre lo que estaba sucediendo. Mis oraciones. Mis frustraciones. A medida que los problemas de salud de Anna fueron ocupando cada vez menos espacio, mis pensamientos ocuparon más. Fue como si parte de mí que había quedado apartado estuviera saliendo ahora para respirar a la luz del día.

Compartí el diario con Gran Jan, y cuando ella me lo devolvió, tenía los ojos llenos de lágrimas.

"Supongo que nunca me di cuenta del verdadero alcance de todo eso", dijo ella. "Me refiero a que intentamos estar a tu lado, y oramos; Dios lo sabe, oramos por ella, y por ti y Kevin".

"Sé que lo hicieron, Jan. Y sé que mis padres también lo hicieron. Papá dice que mi mamá se arrodillaba cada día".

"No dejo de pensar en...". Señaló la página, recorrió con su dedo las líneas donde yo había escrito las notas que apunté apresuradamente en mi teléfono aquel día: "Ella dice que Él le dijo: 'Tengo planes para que los completes en la tierra que no puedes completar en el cielo. Es momento de que regreses, y los bomberos van a sacarte del árbol y, cuando lo hagan, estarás totalmente bien. No habrá nada mal en ti'. Yo sabía que Él estaba diciendo que sería sanada, y mírala ahora, después de todo un año".

No estaba preparada aún para decirlo yo misma, pero estaba preparada para oírlo. Rodeé a Gran Jan con mis brazos y permití que la Navidad cayera sobre mí.

Siempre pensaré en 2012 como un año de *sublime gracia*, especialmente cuando pienso de dónde proviene la letra de ese canto. En el Evangelio de Juan se nos habla de un hombre ciego que fue sanado por Jesús y se fue por su camino regocijándose y alabando a Dios. Personas que lo conocían no podían creerlo. Se decían unos a otros: "No, es un hombre que *se parece* a quien solíamos conocer. No es posible que sea el mismo hombre. ¿Cómo es posible esto?".

Y el hombre dijo: "No lo sé. Lo único que sé es que antes yo era ciego, pero ahora veo".

Kevin y yo observábamos la transformación de Anna con absoluto asombro. Nos encantaba cuando médicos y enfermeras, maestros, pastores y amigos que la habían conocido toda su vida, se acercaban a nosotros y nos decían: "No podemos creer que sea la misma niña".

Nosotros no preguntábamos: *¿Cómo es posible esto?* Simplemente nos regocijábamos.

Capítulo diez

Son como árboles plantados junto a la ribera de un río con raíces que se hunden en las aguas. A esos árboles no les afecta el calor ni temen los largos meses de sequía. Sus hojas están siempre verdes.

Jeremías 17:8

HAN PASADO CASI TRES años desde que Anna y yo fuimos por última vez a Boston, dos años, once meses y una semana, para ser exactos, de modo que he perdido un poco de mi vena viajera. Solía tener ese viaje calculado al detalle, pero esta vez, Anna y yo terminamos corriendo hasta la puerta. Francamente, se siente bien que se haya oxidado, que este viaje a la consulta del Dr. Nurko esté tan fuera de la rutina. Es un seguimiento final que Kevin y yo sentimos necesario como un sello de aprobación sobre el bienestar de Anna, y sentimos que Anna lo necesitaba como conclusión mientras sigue procesando esta fase increíblemente traumática de su vida.

A la espera de abordar en nuestro vuelo, cargadas de gorros, bufandas y abrigos de invierno, tenemos tiempo suficiente para tomarnos un selfie de mamá e hija que pueda enviar a Kevin y subir a Facebook.

"¡Oh, Anna, mira!", le doy con el codo y le enseño mi iPhone. "Ángela ha subido una fotografía de esa pequeña pulsera de limpiapipas que le hiciste la última vez que la vimos".

"¿Qué? ¡No es posible!", Anna sonríe.

"Sí lo es, hija. Mira aquí".

Recuerdo el escalofrío que me recorrió la espalda cuando Annabel dijo: *Hice esto para ti, para que no me olvides. Púrpura, porque ese es tu color favorito, y rosa, porque ese es mi color favorito. Y el blanco significa paz.* Estaba claro que Anna no esperaba ver de nuevo a esa dulce amiga. En ese momento difícil, pensábamos que Dios no estaba al tanto, pero resulta que éramos nosotras las que no entendíamos. Sencillamente no lo sabíamos aún.

En su libro *Una vida con propósito*, el pastor Rick Warren dice: "Tus mayores mensajes en la vida y tu ministerio más eficaz provendrán de tus heridas más profundas". Eso ha sido cierto para nuestra familia de maneras que no podríamos haber imaginado, de pequeñas maneras que son íntimamente personales y en círculos en continua expansión que nos llevan cada vez más lejos al mundo.

Y eso comenzó con Ángela y la pequeña pulsera de limpiapipas. Ella me mandó un correo después y me dijo esto:

"Cuando llegué a casa, estaba hablando con mis hijos sobre la salud: física y mental de Anna. Mi hijo comenzó a armar un escándalo sobre lo mucho que aborrecía a Dios y lo injusto que era todo eso, no solo para Anna y su familia, sino por todo el sufrimiento que hay en el mundo. Mis hijas estuvieron de acuerdo rápidamente. Sin saber qué decir o de qué lado ponerme, me fui a la cama. Estaba tumbada sujetando mi pulsera, y lloré mucho tiempo. Una y otra vez preguntaba: '¿Qué puedo hacer por ella?'. Entonces, sin ni siquiera pensar en ello, me encontré orando. Humildemente pedí perdón a Dios y le pedí fuerzas y paz para Anna y su familia. Sentí una oleada de paz sobre mí, y tuve que creer y aceptar que Él tenía una razón y un plan mejores que los nuestros, de modo que simplemente tenía que dejarlo correr...".

Un momento de paz y oración, de un corazón a otro; es ahí donde comienza, y hasta donde vaya nunca lo sabremos por completo. Después del rescate de Anna, el Departamento de Bomberos de Briaroaks comenzó a formar y equipar grupos para anticipar rescates en espacios estrechos. Me encanta la idea de que ella quizá ya haya ayudado a salvar la vida de otra persona a la que nunca conocerá, quizá de alguien que no haya nacido aún.

En Boston, Beth y Steve Harris fueron a buscarnos, como siempre. Su ministerio hacia nosotros ha significado mucho más de lo que ellos se pueden imaginar. Podría seguir hablando de lo piadosos y lo guerreros de oración que son pero, vamos, por mucho que yo agradecía siempre que alguien decía: "Estoy orando por ti", fue la aplicación práctica del amor lo que fue transformador para nosotros en ese momento. Anna siempre se alegraba de que Beth llegara y se quedara con ella en el hospital para que yo pudiera ir a darme una ducha rápida o respirar un poco de aire fresco. Éramos viajeras cansadas, y el modo en que ellos nos trataron me hace pensar en Jesús en el "aposento alto" la noche antes de ser llevado para ser crucificado. Sus discípulos se reunieron allí para celebrar la Pascua con su Señor, pero habían caminado muchas, muchas millas para llegar allí. Antes de hacer ninguna otra cosa, Jesús los sentó y lavó sus pies sucios y doloridos.

Ese gesto humilde y amoroso me llena los ojos de

lágrimas. Yo he recibido el amor de Jesús muchas veces y de muchas maneras sencillas, pero poderosas mediante personas como Ángela y los Cash, y Beth y Steve, quienes están muy sorprendidos cuando ven a Annabel andando por el vestíbulo con pantalones rosa y una deslumbrante camiseta que dice: "Me encanta sonreír" con grandes letras brillantes.

Al ponernos al día durante la cena, Beth dice: "Anna, ¡no puedo creer que cumpliste doce años en septiembre!".

Tampoco yo misma puedo creerlo.

Anna es una alumna de secundaria feliz y sana que quiere ser especialista infantil cuando sea mayor. Está en ese punto decisivo en la vida de una niña en el que sueña con ver París, pero sigue pensando que la palabra *chicken* (pollo) es muy divertida. Le dijimos que podría celebrar su cumpleaños del modo que quisiera. Ella lo pensó.

"¿Qué les parece...?", los ojos de Anna se iluminaron. "¡Fiesta en la piscina!".

"Se puede hacer", dije yo.

"Pero no una fiesta con muchos. Solo algunas personas".

Cuando hacíamos la breve lista de invitados, le pregunté por algunas de las niñas de su clase con las que le gustaba estar individualmente, aunque ella no fuera parte de su grupo.

"No", me dijo, "ese grupo de niñas se burla de otras personas y hace drama. No necesito eso".

Además de algunas buenas amigas que habían estado a su lado cuando estaba enferma, Anna invitó a una niña que era nueva en la escuela y le costaba hacer amigas. También quería incluir a una niña que había sufrido acoso escolar y nunca la habían invitado a una fiesta de cumpleaños. La mamá de esa niña me llamó para verificar que no le estaban gastando una broma cruel a su hija. (Ya se sabe de lo que son capaces los alumnos de secundaria).

"Oh Señor, no", le dije yo. "De ninguna manera. Anna sabe lo que es sentirse como la que dejan fuera. Ella solo quería tener a un grupo pequeño de muchachas que estuvieran tranquilas y contentas para estar juntas en la piscina con ella ese día".

Ese es el tipo de ministerio práctico de Annabel. Sencillamente amamos a la gente, y actuamos en de acuerdo a eso. Hoy. En este momento.

Ese es el tipo de ministerio pragmático y orientado al servicio que Kevin y yo esperábamos siempre practicar, de modo que nos tomó algún tiempo saber lo que debíamos hacer con todo aquello. No estábamos seguros de querer salir a la palestra cuando el pastor Scott preguntó si Kevin, Anna y yo estaríamos dispuestos a hacer un video para mostrarlo en las clases de escuela dominical en la iglesia y después hablar delante de toda la congregación. Eso fue no mucho tiempo después del encuentro de Anna con el álamo, de modo que los cambios en nuestras vidas eran muy recientes, y seguíamos sintiéndonos vulnerables.

Pero cuando él nos preguntó, antes de que yo pudiera declinar la invitación educadamente, Annabel dio un suspiro con un alegre: "¡Muy bien!". Sin romper el paso. Sin preguntarse si a ella se le daría bien eso. Sin quebrarse la cabeza con ansiedad sobre qué ropa ponerse, o cómo expresar las cosas, o quién podría decir esto o aquello al respecto.

"Bien, ¿cómo lo haríamos?", pregunté. "¿Nos daría las preguntas con antelación para poder prepararme?".

"Claro", respondió él. "Pero en realidad queremos que

sean ustedes mismos. Que sea informal; conversacional, ya saben".

No, ciertamente yo no lo sabía. No conocía tal cosa. Nunca en mi vida había pensado en ponerme de pie y hablar delante de...bueno, pensemos en unas 250 personas, tres servicios...oh, Dios del cielo. Eso suponía *ocho millones de personas*. Bueno, 750 personas, ¡pero aun así!

Finalmente, después de toda la preocupación, fue bastante maravilloso.

Una noche cuando me estaba interrogando a mí misma, le pregunté a Kevin:

"¿Quieres repasar esta lista de preguntas?".

"No", dijo él, pasando la página de una novela de misterio que estaba leyendo. "Improvisaré sobre la marcha".

"No me hagas darte una bofetada, Dr. Beam".

"Christy, te irá bien. Él dijo que seamos nosotros mismos. No sé cómo ser otra persona distinta a mí mismo, y amo cómo eres tú. Resulta que pienso que tu ser es bastante bueno".

Nuestra iglesia, al igual que nuestra familia, estaba atravesando un importante periodo de transición. El pintoresco santuario se había quedado pequeño, y el nuevo santuario estaba en la fase de planificación, de modo que la adoración tenía lugar en un gran espacio multipropósito. La plataforma al frente tenía un sofá y una silla. Muy informal. Conversacional. Mientras se cantaban los cantos de apertura, me di instrucciones a mí misma de respirar por la nariz y soltar el aire por la boca. Finalmente, llegó el momento de que pasáramos al frente. Abbie apretó mi mano, y Adelynn me dio una sonrisa alentadora.

No recuerdo todo lo que dije; simplemente relaté la historia: dónde habíamos estado, dónde estábamos ahora, cómo sentíamos la mano de Dios sobre nosotros. Hubo momentos en que oí sollozos, carraspeos de garganta, y al decir algunas de esas cosas en voz alta, en especial que Anna había expresado el deseo de irse y estar con Jesús, sentí que mis ojos se llenaban de lágrimas. Usé las notas que había escrito en mi teléfono y mi computadora para reconstruir lo que Anna me había contado sobre su experiencia en el cielo. Quería decirlo todo correctamente. Entonces Kevin habló, y lo unió todo de modo tan hermoso con el corazón de nuestra familia, que sentí que otra vez las lágrimas se acumulaban en mis ojos.

Parece que fue bien, porque tras el primer servicio, alguien en la congregación llamó por teléfono y organizó todo para que alguien estuviera allí con una cámara de video en el tercer servicio. Yo volví a contar nuestra historia, y Kevin habló.

"Hemos estado sentados en el mismo asiento donde ustedes están en este momento", dijo él, "y yo he sufrido mucho dolor. Hay tiempos que pueden ser muy desafiantes y muy difíciles, y algunos de ustedes puede que estén en ese lugar hoy. Yo he estado ahí y he escuchado esos cantos que me llenaron los ojos de lágrimas, pues sabía que mi hija y mi esposa estaban en Boston en un hospital infantil, y yo estaba aquí, intentando ocuparme de las otras dos. Hemos pasado momentos difíciles, y probablemente llegarán otros. Sin duda, ustedes también. Lo que he descubierto es que la fidelidad de Dios ha sido con lo que puedo contar y en lo que puedo descansar.

"Soy una persona positiva. Intento decir: 'Todo va a salir bien'. Pero a veces he tenido que permitirme a mí mismo momentos para decir que es difícil, y eso está bien. Cuando uno pasa tres semanas viviendo en un hospital infantil, tiene una perspectiva distinta de la vida. Muchas veces oré: 'Señor, yo puedo tomar esto. Deja que yo tenga lo que ella está tratando, y que ella esté bien'. Estoy seguro de que muchos padres y abuelos han hecho esa oración; pero Dios tenía otros planes para la vida de Anna, para nuestras vidas, para toda nuestra familia, y para las vidas de ustedes y de sus hijos. Dios sabe mucho más como para permitir que ustedes o yo escribamos el guión.

"Muy pocos de nosotros llegamos a decir: 'Me senté en el regazo de Jesús, y estoy bien'. Eso es algo que nosotros atesoraremos como familia, y Anna atesorará como su testimonio personal durante toda su vida. Pero incluso sin esa representación visual, Él está con nosotros cada día. Yo estaba fuera de mis casillas pensando: 'Ella ha estado dentro de este árbol sola durante horas; va a estar histérica. ¿Cómo va a estar?'. En realidad, ella salió de esta experiencia mejor, sabiendo que Dios tiene un plan para su vida, y quiere ser capaz de cumplir su propósito en la vida. Eso me hizo volver a pensar: quizá yo sí que necesito esa fe como la que tiene un niño. Aprender algo de tu hija de nueve años puede ser aleccionador y hermoso.

"Estamos aquí en la iglesia y oímos mensajes y cosas asombrosas, y después nos vamos a casa y seguimos con nuestra vida cotidiana; pero esto es algo que ha tenido una profunda influencia en mí. Esto es real. Esto es la vida. Ha sido difícil, pero es real, y Dios es real. Me ha dado la oportunidad de aprender de mi hija, y quizá ir y saltar al regazo de Jesús yo mismo un poco".

Kevin comenzó a entregar el micrófono inalámbrico otra vez al pastor Scott, pero Anna de repente decidió que también quería decir algo. Hubo un breve momento de pensar: *¡Oh, vaya, está acaparando el micrófono! ¡Acapara* *el micrófono! Por favor, Dios, no permitas que diga nada sobre la vez en que su papá se volcó con su motocicleta y dijo unas palabrotas.*

"Estábamos muy seguros hasta ese punto", me dijo Kevin después. "Pensé: si de repente Anna dice que vio Mi pequeño pony, entonces...¡hasta aquí llegamos! Todos nos vemos ridículos. Le entregué el micrófono, y estaba pensando: Dios, esto está en tus manos. Si no lo detienes, entonces...".

"Entonces ¿qué?", le pregunté.

"Entonces que ella sea el instrumento de Dios".

"He creído en Dios desde que estaba incluso en preescolar", comenzó ella. "No lo oigo a Él cada día, pero sí lo oigo mucho. Lo oí y lo vi aquel día dentro del árbol. Así que sé que Dios es real, y sé que Él tiene gloria, porque si Él no fuera real, me habría roto el cuello cuando me caí dentro de ese árbol. Habría muerto por mis problemas de estómago porque los he tenido desde que nací. No habría sido lo que soy hoy. Habría estado sufriendo, y probablemente habría muerto, si no hubiera gloria de Dios y si Él no nos amara. Él siempre lo hace, y si Él no lo hiciera, simplemente me habría dejado morir. Él no iba a hacer eso. Él me condujo a diferentes médicos, y dos o tres de ellos realmente supieron cómo ayudarme. Así que Dios sí se interesa por mí; y Él sí tiene gloria. Y Él tiene un propósito para cada persona en el mundo. Usted no fue creado solo por diversión; fue creado para ser una creación hermosa. Así que si todos nos juntamos y todos creemos en Dios, entonces nos veremos en el cielo más adelante".

Como dije. Se trata de ser práctico.

Un año después, Anna y yo fuimos invitadas a hablar en la iglesia United Methodist en Alvarado el Día de las

Madres. En ese tiempo, Kevin y yo estábamos seguros de la sanidad de Anna, y yo estaba preparada para reclamar esa promesa en voz alta y con orgullo. Pero no tenía intención de hacer eso a menos que no hubiera problema alguno con Anna y Kevin.

"Tan solo quiero hacerlo bien", le dije a ella. "Y nunca quiero que te sientas mal o incómoda con respecto a nada".

"¿Te refieres respecto a todas esas cosas que escribiste?".

"Eso es. Anna, si hay alguna parte de esta historia que quizá yo no entendí correctamente…o quizá ahora la recuerdas de modo distinto…o si hay algo que preferirías que no contáramos…". Yo seguía haciendo pausas, intentando darle la oportunidad de descartar parte o todo, prometiéndole que nadie estaría enojado o defraudado. "¿Hay algo que debería decir de manera diferente cuando hable en la iglesia?".

"No", dijo ella, "así está bien".

"¿Te gustaría decir una oración para terminar al final?".

"Muy bien", respondió con alegría. "¡Claro!".

"Estupendo", sonreí. "Quizá deberíamos practicar esa parte".

Annabel puso esa expresión adolescente de asombro. "Practicar ¿la oración?".

"Bueno, habrá muchas personas allí", dije yo. "Podrías sentirte nerviosa. Yo ya me siento nerviosa, y ni siquiera estamos allí".

"¿Y sigo orando a Dios?".

"Sí".

"Entonces, ¿qué diferencia hay?".

Atrapada.

El Día de las Madres, ella se puso de pie allí e hizo su pequeña oración: un llamado al altar sincero y no ensayado, invitando a otros a conocer la paz y el amor que ella ha encontrado en su Salvador, y no había ningún ojo seco en el lugar. "Cariño, quiero que sepas que este fue el mejor Día de las Madres de mi vida", nos dijo una anciana. Dos semanas después, las niñas y yo estábamos fuera para pasar un día de manicura y pedicura, y una señora se acercó a nosotras para decir: "¿Son ustedes las Beam? Hablaron en mi iglesia, y cambió mi vida. Solo quiero que sepan que he asistido a la iglesia toda mi vida, pero desde aquel día, he estado mirando, y puedo ver la fidelidad de Dios que me rodea. En todos los aspectos que ustedes dijeron. Él es fiel. Y ahora quiero demostrarle a Él que *yo* seré fiel".

Nos dejó sentadas allí asombradas y sintiéndonos humildes. Aquella noche estaba tumbada en la cama pensando en eso, y me emocionó el pensar en ser una pequeña y brillante gota en el gran océano de amor de Dios. Esa paz que Ángela había sentido cuando sostenía la pulsera de limpiapipas, la bondad que incluye a una pequeña niña solitaria en una fiesta al lado de la piscina…el profundo efecto sanador de la milagrosa historia de Anna había comenzado a extenderse al mundo.

NUESTRA ÚLTIMA CITA CON el Dr. Nurko está programada para media mañana, pero Anna se despierta locamente temprano, emocionada por verle, emocionada por ir después al Museo Children's, emocionada por el frío que hace en las calles de Boston, que ya están decoradas para las vacaciones. Está emocionada de que el taxi tenga un fuerte olor a pan de ajo. Ella está emocionada por la vida.

Al llegar un poco temprano al hospital Children's en Boston, Anna ve de lejos al Dr. Nurko en el pasillo, y corre hacia él y le rodea con sus brazos, gritando: "¡Hola!".

"Bueno, hola…¡Anna, Dios mío!".

"Sigue llevando su cordón de Elmo", observa ella felizmente.

"Sí, lo llevo. ¡Y mírate!". Le da un abrazo y le sonríe con su gran sonrisa. "¡Asombroso! Me alegra mucho verte".

"Cuando sea nuestro turno", le digo a Anna, dirigiéndola a la sala de exámenes médicos.

Mientras la enfermera se prepara para tomar las constantes vitales a Anna, me entrega dos páginas que enumeran todas las medicinas que Anna tomaba la última vez que la vio el Dr. Nurko.

"¿Podría repasar esto, por favor?", me dice. "Necesito que lo repase para comprobar que es preciso y así poder actualizarlo en la computadora. Simplemente marque las que aún sigue tomando".

Prevacid (lansoprazol), un inhibidor de producción de ácidos gástricos; suplemento probiótico Align/Culturelle, para molestias digestivas y apoyo inmunológico; MiraLAX (polietinelglicol), un laxante; Periactin (ciproheptadina), un antihistamínico con anticolinérgico adicional, antiserotonérgico, y agentes anestésicos locales; Neurontin (gabapentina), una medicina usada como anticonvulsiones y analgésico; rifaximina, un antibiótico semisintético derivado de la rifamicina; Augmentin (amoxicilina y ácido clavulánico), un antibiótico para infecciones bacterianas; hidrocloruro de tramadol para el dolor moderado a severo; hiosciamina, un alcaloide tropánico y metabolítico secundario; Celexa (hidrobromuro de citalopram), un inhibidor de la recaptación de serotonina…

"Ya no toma ninguno de estos", le digo a la enfermera, que está asombrada.

Anna y yo nos sonreímos la una a la otra. Parecemos

engreídas, no hay duda de eso, pero estoy segura de que ella está experimentando la misma oleada de gratitud que yo siento. Volvemos a alardear cuando entra el Dr. Nurko. Tras los saludos adecuados y más abrazos, y una palpación tranquila del vientre de Anna, él echa una ojeada a la lista sin marcas y pregunta:

"¿Qué está tomando ahora?".

"Nada".

"Asombroso". Él la mira, de modo contemplativo. "¿Nada en absoluto?".

"Nada".

Él la examina por un instante. "Te ves maravillosa, Anna. No puedo expresar lo contento que estoy de verte tan bien".

Es como una graduación. Un comienzo.

Eso requiere una celebración. Anna y yo vamos al mostrador de alimentos en Galleria para comprar batidos de plátano y fresa y patatas fritas. ¡Porque ella puede comer patatas fritas! Pasamos la tarde con Ángela, recorriendo el Freedom Trail y visitando los lugares favoritos de Anna. En el Museo Children's de Boston, ella corre en círculos alrededor de Ángela y yo, asimilando todo el colorido y participando en todas las actividades que está a punto de dejar atrás. Sé que si volvemos a llevarla allí incluso dentro de un año, será demasiado mayor para experimentarlo del modo en que lo hace hoy. Ella madurará como lo ha hecho Abbie, pero espero que no pierda su gozo o su sencilla dulzura.

"¡Ah, miren allí!". Va hasta un rincón con una gran pizarra magnética y pregunta: "¿Qué debería formar?".

"Lo que quieras decirle a la siguiente persona que llegue aquí", dice Ángela.

Anna se queda pensando y después mueve las letras para deletrear las palabras TÚ IMPORTAS.

Mientras recorremos el espacio, una joven le dice a Anna que se acerque y le pregunta si le gustaría participar en un estudio psicológico y, desde luego, Anna de inmediato está fascinada y dispuesta. El tema es "la moralidad"; las preguntas con respuestas sí/no tienen que ver con lo bueno/malo básico. ¿Es bueno o malo hacer galletas, robar una galleta, copiar una respuesta en un examen, hacer un regalo de cumpleaños, aceptar un regalo cuando estás enfermo? Entonces se repiten las preguntas, diciendo: "¿Qué pensaría Dios?".

Y entonces la joven pregunta a Anna: "¿Crees que Dios es real?".

"¡Ah, yo *sé* que Él lo es!".

Anna comienza a contar a la joven cómo lo sabe ella, pero la joven rápidamente concluye.

"Esto es un estudio", dice, con mucha dulzura pero sin ceder un ápice. "No queremos sesgar las respuestas".

"¡Ah! Muy bien". Anna está de acuerdo, y se aleja para jugar delante de una pantalla verde donde puedes verte a ti mismo en televisión con Arthur y sus amigos. Ella nunca ha sentido que tenga nada que demostrar, y no hace ningún juicio sobre las perspectivas de otra persona. Si estás dispuesto a ser amable, eres bienvenido a su fiesta junto a la piscina.

Hay unas líneas maravillosas en *La canción de Bernadette* por Franz Werfel: "Para aquellos que creen, ninguna explicación es necesaria. Para aquellos que no creen, ninguna explicación es posible".

Sospecho que Anna verá mucho de ambas cosas en su vida. Ella tiene esa cosa en su corazón, una pequeña luz intensamente brillante, que no querría guardarse para ella sola, incluso si pudiera. Abigail y Adelynn son exactamente así.

Abbie batalló por mucho tiempo con lo que sucedió, porque sus mayores dones (su corazón lleno de misericordia y su acérrimo sentimiento de responsabilidad) le desfavorecieron en aquel momento. Yo tuve una breve preocupación por si eso pudiera hacerle dudar de sí misma o reprimir ese espíritu furiosamente creativo y aventurero, pero ella lo solucionó al clásico estilo Abbie. Ahora está en secundaria, y sobresale en interpretación y debate, y mantiene buenas calificaciones, porque espera ser veterinaria como su papá. Yo veo mucho de él en ella. Ella devora los libros como si fuera una trituradora. Cuando ve que alguien está siendo acosado, da un paso al frente y se involucra.

Kevin ha llevado tanto a Abbie como a Anna a largos viajes en motocicleta cruzando Montana, y cada vez él llevó auriculares para que pudieran comunicarse mientras viajaban. Kevin dice que cuando viajaba con Abbie, quemaban las ocho horas de vida de la batería de los auriculares cada día. Cuando viajaba con Anna, al final del día las baterías aún funcionaban bien; viajaban durante horas sin decir una sola palabra.

Cuando llegue el turno para el viaje de Adelynn con su papá, probablemente él tendrá que llevar otros de repuesto. Ella se ha convertido en una diva melodramática y extrovertida que cautiva a todo aquel que la conoce. Quizá porque fue llevada de un lugar a otro tantas veces en sus años formativos, es una de esas personas que encaja en cualquier lugar. Ella mantiene entretenidos a los niños de tres y cuatro años en la guardería de la iglesia y le encanta "trabajar" en el vestíbulo frontal en la clínica veterinaria. Me aterra y me emociona verla relacionarse con cualquiera de cualquier edad como si esa persona fuera parte de su familia. Es difícil enseñar a una niña pequeña a ser cauta con los desconocidos cuando todo aquel con quien entra en contacto es un amigo al instante, desde la pequeña y vieja gata en la clínica veterinaria hasta el roquero punk en la fila detrás de nosotros en el supermercado.

Dios [...] *les ha dado un don a cada uno de ustedes. Úsenlos bien para servirse los unos a los otros*, dice 1 Pedro 4:10.

Tengo confianza en que cada una de las hermanas Beam, con sus dones únicos, será una mujer notable en el mundo, pero más que eso, atesoro saber que siempre estarán una al lado de la otra.

*   *   *

DESCALZA COMO SIEMPRE, ANNABEL salta la puerta y empieza a andar por el camino, pero Abigail extiende sus brazos como un guardia y detiene en seco a sus hermanas.

"Acabamos de entrar en Narnia", dice ella, y ellas proceden con la reverencia debida.

"Yo quiero ser la bruja buena", manifiesta Adelynn.

"No hay ninguna bruja buena", dice Abbie.

"¡Entonces quiero ser Dorothy!".

"No hay ninguna Dorothy en Narnia. No hay bruja buena. No hay Dorothy. Lo estás confundiendo con *El Mago de Oz*".

"Yo seré el león cobarde", grita Kevin desde la puerta.

"Papá", dice Anna, "eso es de *El Mago de Oz*, y lo sabes. Estás siendo absurdo".

"Ah, y todos somos demasiado maduros para eso ahora".

"Yo lo soy", le dice Abbie a Annabel. "No sé él".

Pero yo lo sé. Kevin sin duda alguna ha recuperado su sentido del absurdo.

Mientras escribo esto, el año 2014 casi ha terminado.

Han pasado tres años desde que nuestro mundo cambió. Yo solía decir "desde que Anna se cayó" y más adelante comencé a decir "desde que Anna fue sanada", pero ahora incluso eso se ha desvanecido en un mundo de milagros, grandes y pequeños, tan incontables como las estrellas, mucho más de lo que ninguno de nosotros sabrá jamás. Uno de los más agradables es el regreso de Kevin a ser el papá alegre, juguetón y maravillosamente absurdo que era cuando Abbie era una bebé. Él sigue haciendo el trabajo duro y mantiene las promesas difíciles, pero nunca quiso ser el temido padre en el escenario que dice: "espera hasta que tu padre regrese a casa". Quería que sus hijas fueran felices cuando él entrara por la puerta. Y ellas lo son.

En estos días, Kevin llega al final de un largo día y es recibido en el sendero por Cypress, River, Trinity, Jack y Arnold, nuestra adición más reciente. (Todos los otros perros tienen nombres de ríos, pero Arnold es simplemente *Arnold*). Aunque Kevin ha estado de pie y muy ocupado todo el día, en lugar de tumbarse en un sillón reclinable, apaga el televisor, no hace caso al coro de quejas, y en cinco minutos hay una aventura en camino. Tiene a las niñas saliendo en tropa por la puerta y el sendero, lo cual me da un momento para ponerme al día con los correos electrónicos y preparar la cena.

Cuando regresan a casa para cenar, siempre hay una gran historia que contar, y nos reunimos a la mesa, con todos hablando al mismo tiempo. "Fuimos caminando unas 3 millas (2 km), y había ese camino…". "Ve y lávate esas manos, por favor". "Sí, un camino donde había un puente desgastado, y túneles por debajo, y un conducto que sigue el lecho de un arroyo seco". "Anna, pon el aliño de ensalada en la mesa". "El camino está abandonado, y personas han tirado allí algunos muebles". "Mamá, necesito limpios mis otros pantalones vaqueros esta noche". "En veinte pasos, estás explorando Narnia". "¿Qué pantalones?". "¡Ya lo sabes! Los que me gustan". "Ya no pasa ningún auto por allí, así que exploramos". "¡Y bailamos! Fue muy divertido".

"¿Damos las gracias?".

Unimos nuestras manos en un círculo ininterrumpido alrededor de la mesa.

"Padre celestial", dice Kevin, "te damos gracias por este hermoso día. Por estas hermosas niñas. Por estos alimentos que vamos a comer. Bendícelos en nuestros cuerpos. Que nos fortalezcan para hacer tu voluntad y ser tu luz en el mundo. Amén".

"Pasa las patatas, por favor".

"Papá", dice Anna, "¿qué veías en televisión cuando eras pequeño?".

"No mucho", responde él. "Solo nos dejaban verla treinta minutos al día".

El coro de quejas se lamenta solo por la idea: *¡Noooooooo! ¡Oh, Gran Jan! ¿Cómo pudiste ser tan cruel?*

Kevin dice: "Nos gustaba *Dukes of Hazzard*. Luke Duke. Daisy Duke".

"¿Daisy Duke?", pregunta Abbie. "¿Cómo los pantalones cortos?".

"Sí, por eso se llamaban Daisy Dukes. ¿No sabías eso?".

"¡Mentiras!", dice Adelynn. "Mentiras y blasfemia".

"Mamá", dice Anna, "de verdad necesito esos pantalones".

Y ahora ya sabe usted todo lo que hay que saber sobre las elevadas conversaciones espirituales que se producen en torno a la mesa de la cena de la familia Beam. Créame, solamente van a peor, porque esta familia fue formada sin piedad para no estar tensos con respecto a la discusión de funciones corporales. Cuando las niñas se van a la cama, Kevin y yo nos sentamos con un vaso de vino y hablamos de cosas importantes, como el tiempo más cálido que llegará y lo sorprendente que es que la Navidad esté solo a pocas semanas, y cuál será el presupuesto para esto o aquello, o él podría decirme algo sobre los toros que tuvo que castrar ese día. Hasta ahí llega lo filosófico la mayoría de las noches.

Más allá de la ventana de nuestra cocina, cruzando el campo, el álamo se erige a la luz de la luna. La rama que formaba el puente del castillo cedió y cayó al suelo una ventosa noche cuando las hermanas Beam estaban acurrucadas en sus camas, pero el árbol en sí ha aumentado de altura aún más. Las hojas con forma de corazón se agitan con el viento. Las aves hacen nidos en las ramas. Las ardillas se sientan en el labio dentado de la descompuesta gruta y espían las idas y venidas en el camino. Siempre intentamos recordar si alguna vez floreció, y Kevin afirma que no lo hizo, pero ahora sucede. Alto, alto, alto en las ramas, esos suaves penachos blancos florecen y se van, y el viento los lleva quién sabe dónde.

Después de salir en las noticias, había personas que seguían preguntando a Kevin:

"Entonces, Dr. Beam, ¿ha cortado ya ese viejo álamo?".

Finalmente, un día él salió a regañadientes hasta allí con una motosierra. Taló algunos de los árboles más pequeños, los que las niñas habían usado para trepar hasta la gruta, pero no pudo darse a sí mismo el impulso para talar el álamo. Se quedó allí de pie por un rato con la motosierra en sus manos, estudiando la gruesa corteza y las elevadas ramas. Entonces, con mucho cuidado, se acercó al ancho tronco y grabó una cruz. Recta y verdadera. Un símbolo de sufrimiento y a la vez salvación.

Lloré la primera vez que la vi, y algunos días voy hasta allí para orar. Me hace sentir pequeña, atónita y contenta. Me hace pensar en algo que Anna dijo: "Dios siempre está ahí, y Él tiene sus propias maneras de solucionar las cosas".

¿Podría haber una mayor fuente de paz que esa sencilla afirmación? Cuando la vida nos trae dificultades que están por encima de nuestro entendimiento, no nos corresponde a nosotros buscar el lado positivo. Nosotros *somos* el lado positivo. Nos convertimos en los instrumentos de paz de Dios, bien afinados, el regalo que Él nos da los unos a los otros, cada uno de nosotros un milagro, según su extraño y maravilloso plan.

Acerca de la autora

CHRISTY WILSON BEAM NACIÓ y se crió en Abilene, Texas, donde fue maestra durante varios años. Tras casarse con su novio de la universidad, dejó la enseñanza para enfocarse en educar a sus tres hijas. Christy y su familia residen actualmente cerca de Burleson, Texas, donde son miembros de la iglesia bautista Alsbury.

Preguntas de discusión

1. La autora Christy Wilson Beam ha dicho que se
sintió movida a contar la historia de su familia
con tanto detalle debido a su gratitud por los milagros de sanidad en su vida. ¿Qué significa para
usted compartir buenas noticias? ¿Cómo afecta a
su perspectiva de tu vida?

2. ¿Cómo se sintió cuando, en el capítulo 1, la
joven Annabel expresó su deseo de dejar atrás
el dolor y estar con Jesús? ¿Cómo respondería
a eso como padre, madre, o familiar cercano?
¿Cuál esperaría que fuera su respuesta a un ser
querido que se enfrenta a un sufrimiento crónico? ¿Cómo cree que afectó la enfermedad de
Annabel a toda la familia Beam?

3. La fe es un concepto importante en esta autobiografía. ¿Qué significa para usted la fe?
¿Cómo respondió usted a Christy, Annabel, y el
compromiso de su comunidad a mantener la fe?

4. Imagínese a usted mismo en la situación de
Abbie: ella es la hermana mayor, es una niña
ella misma, y se siente responsable de la horrible caída de Annabel a la oscuridad. ¿Entendió usted su reacción? ¿Cómo habría
reaccionado usted como niño en lugar de
ella? ¿Qué aspecto de la dinámica familiar

es reforzado por sus reacciones tan crudas? Describa sus propios lazos con hermanas, ya sea que tenga una hermana o alguien a quien considere una hermana.

5. La tensa espera del rescate de Annabel es notable, desde los cambios y los comienzos hasta las abrumadoras reacciones de la familia y la llegada de los equipos de rescate. ¿Cómo fue para usted leer esta sección, mostrada en gran parte mediante los ojos de Christy? La lectura sobre aquellas horas desde el punto de vista de Christy, ¿cómo creó cierto suspense en esta autobiografía?

6. En los primeros párrafos del capítulo 4, Annabel recuerda: "Yo siempre pensé que el cielo sería como estar sentado en las nubes, pero es como...es como estar suspendido por encima del universo". Es notable leer sobre su experiencia con sus propias palabras. ¿Cuál de los recuerdos de ella le conmovió más? ¿Se encontró pensando en el cielo de manera más personal?

7. En el capítulo 9, Christy y su esposo, Kevin, hablan sobre el estado mejorado de Annabel. Parecen perplejos por el hecho de que no pueden explicar esa mejora. De hecho, Kevin dice: "Es mucho más difícil demostrar que algo no existe". ¿Puede usted identificarse con eso? ¿Cómo reaccionaría a una experiencia increíble como esta?

8. ¿Se identificó con Annabel y la reacción de su familia al cambio de dinámica cuando los síntomas de Annabel se redujeron y ella tuvo que ajustarse a la vida como una niña que no era enferma crónica? ¿Cómo cambió eso el sentimiento del yo que ella tenía, y cuáles son los resultados positivos y desafiantes de ya no estar apartada? ¿Ha experimentado alguna vez un sentimiento de duelo cuando algo cambió en su vida, incluso si el cambio fue positivo?

9. ¿Entendió la renuencia de Kevin a talar el álamo? ¿Habría hecho usted lo mismo si estuviera en la posición de él?

10. Diferentes personas se sintieron impulsadas a dar a Kevin y Christy sus opiniones con respecto a por qué Annabel no había sido sanada a lo largo del viaje de tres años. ¿Cuáles son sus pensamientos sobre las distintas opiniones que les fueron expresadas a ellos?